Zachiah Murray

# Achtsamkeit im Garten

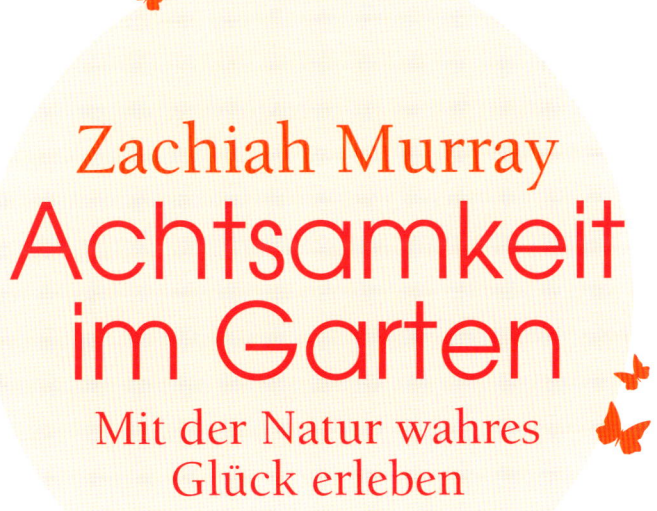

Zachiah Murray

# Achtsamkeit im Garten

## Mit der Natur wahres Glück erleben

Aus dem Amerikanischen von
Michael Wallossek

*nymphenburger*

© 2012 Zachiah Murray
© für die deutschsprachigen Rechte nymphenburger
in der F. A. Herbig Verlagsbuchhandlung GmbH, München 2014.
Die Originalausgabe erschien 2012 unter dem Titel
»Mindfulness in the Garden« in den USA.
Die vorliegende Übersetzung erscheint gemäß Vereinbarung
mit Parallax Press.
Alle Rechte vorbehalten.
Umschlaggestaltung und Layoutkonzeption: atelier-sanna.com, München
Umschlagmotiv: StockFood/A. Goyoaga
Fotos innen: shutterstock
Illustration Ranke: Jason DeAntonis
Satz: EDV-Fotosatz Huber/ Verlagsservice G. Pfeifer, Germering
Gesetzt aus 9,5 pt/13 pt MetaPlusBook
Druck und Binden: Finidr s.r.o.
Printed in the EU
ISBN 978-3-485-02804-2

www.nymphenburger-verlag.de

# Inhalt

# Vorwort
## von Thich Nhat Hanh

Der Garten ist ein idealer Ort, sich in Achtsamkeit zu üben. Gießen, pflanzen, die Erde berühren und die Bodenbeschaffenheit zwischen den Fingern spüren: lauter wunderbar aufbauende Tätigkeiten. Selbst wenn Sie in einer Stadt mit vielen Menschen auf engem Raum zusammenleben – suchen Sie sich einen Platz, an dem Sie mit der Hacke den Boden bearbeiten, Kräuter oder Gemüse anpflanzen und sich um Blumen kümmern können. Beginnen Sie, eine kleine Rasenfläche zu pflegen, ein Fleckchen Land zu kultivieren oder einfach nur in einer Holzkiste Blumen oder Kräuter anzubauen. Ich liebe es, jeden Tag Zeit mit Gartenarbeit zu verbringen: Salat, Tomaten und anderes Gemüse anzubauen bereitet mir Freude. Gartenarbeit ruft uns in Erinnerung, dass aus den Dingen, die wir wegwerfen, Kompost entstehen kann und aus diesem wiederum schöne Blumen, nahrhafte Kräuter, Früchte und Gemüsepflanzen hervorgehen können.

Die Übung in Achtsamkeit beruht auf tiefem Gewahrsein des gegenwärtigen Augenblicks. So viele von uns fühlen sich entfremdet, weil uns das Bewusstsein für die wechselseitige Verbundenheit aller Dinge abhandengekommen ist. Im Garten sind wir von schönen Beispielen für unsere Beziehung zur Natur umgeben. Die Sonne, der Regen, der Kompost und die Erde – sie alle müssen zusammenkommen, um die Rose hervorzubringen. Das können wir im Garten sehen. Wenn wir uns frisches Gemüse eingehend anschauen, können wir darin nicht nur die Sonne erblicken, sondern zugleich noch Tausende andere Phänomene: Wären keine Wolken da, bliebe das Regenwasser aus. Ohne das Wasser, die Luft und das Erdreich gäbe es kein Gemüse.

Abfall kann grässlich riechen, zumal wenn er aus organischem Material besteht. Aber er kann auch zu fruchtbarem Kompost werden, mit dem sich der Garten düngen lässt. Sind wir achtsam, dann sehen wir, dass die duftende Rose und der stinkende Abfall zwei Seiten derselben Existenz sind. Ohne das eine vermag das andere nicht zu sein. Alles unterliegt dem Wandel. Die nach sechs Tagen verwelkende Rose wird zum Bestandteil des Abfalls. Und nach sechs Monaten wird der Abfall in eine Rose transformiert worden sein.

Jedem von uns wohnen Mitgefühl und Liebe inne, ebenso wie Wut, Angst und Eifersucht. Wenn wir die schwierigen Elemente in uns wahrnehmen, neigen wir dazu, sie wie Abfall zu betrachten. Am liebsten tun wir so, als seien sie gar nicht vorhanden, und möchten unser Augenmerk nur auf die schönen Dinge richten. Wir brauchen jedoch nicht in Panik zu geraten. All das Schwierige, das wissen wir als gute Gärtner, können wir durch Achtsamkeit, fürsorgliche Pflege und Mitgefühl in nährstoffreichen Kompost umwandeln. Aus diesem werden dann zu guter Letzt erneut Blumen und Schönheit hervorgehen.

Was wir ausreichend bewässern, wächst und gedeiht. Das lernen wir bei der Gartenarbeit. Und indem wir eine Pflanze mit Wasser versorgen, stellen wir das Wasser dem gesamten Planeten zur Verfügung. Sprechen wir beim Gießen zu den Pflanzen, dann sprechen wir zugleich zu uns selbst und zur Welt. Die Pflanze nimmt Zuflucht zur Erde. Ob sie gut wächst und gedeiht, hängt davon ab, wie viel Nahrung sie von der Sonne, aus dem Erdreich und aus dem Wasser beziehen kann. Unsere achtsame Aufmerksamkeit gleicht dem Wasser. Unsere Emotionen und Wahrnehmungen sind wie Samen in uns. Falls wir Wut und Angst in uns bewässern, werden sie wie Unkraut wuchern. Stattdessen können wir allerdings auch die Blumen des Mitgefühls, der Einsicht und der Liebe mit Leben spendendem Wasser versorgen.

Wie wir in unserem Leben sind, liegt an uns. Das ruft uns der Garten in Erinnerung. Verrichten wir die Gartenarbeit mit Achtsamkeit, werden wir bei jedem Einatmen wissen, dass wir gerade einatmen. Und jedes Mal, wenn wir ausatmen, wissen wir, dass wir ausatmen. Auf diese Weise sind wir voll und ganz wir selbst. Wir sind die Meistergärtner im wunderschönen eigenen Garten.

# Einführung

Ganz hinten links in der Ecke stand auf dem Grundstück meines Elternhauses eine Reihe Schmalblättriger Ölweiden (*Elaeagnus angustifolia*) mit silbergrünen Blättern. Unter ihren dornigen Ästen wurde ich – mit den jungen Knien auf dem Boden, den Oberkörper zur Erde gebeugt – im zarten Alter von acht Jahren zur Gärtnerin. An der Gartenarbeit, die ich ohne Handschuhe ausübte, liebte ich vor allem, die Erde in meinen Händen zu spüren: ihre reichhaltige, von der Sonne durchwärmte, angenehm würzig duftende materielle Beschaffenheit. Diese Vorliebe habe ich bis heute.

Zu Füßen jener Ölweiden legte ich viele Kindheitsstreitigkeiten bei. Ihre stille Präsenz spendete mir Trost. Dankbar für ihre Gesellschaft wusste ich intuitiv, dass mein Überleben mit dem ihren verknüpft war. Und indem ich dieses sorgsam gepflegte Fleckchen Erdreich, das den Wurzeln der Ölweiden im Boden Halt verlieh, aus der Distanz betrachtete, sah ich die fruchtbare braune Gartenerde frei von jenem Unkrautgewirr, das ihre Klarheit einst für sich in Beschlag genommen hatte. Im Verlauf dieser Klärung löste sich der Knoten in meinem Geist. Und mit mir selbst war ich zutiefst im Reinen.

Bis zum heutigen Tag bleibt die Gartenarbeit, auch nach all den Jahren, die ich nun als Landschaftsgärtnerin tätig bin, für mich eine wahre Liebe. Die Natur ist ein Ort, an dem ich zu mir selbst zurückkehre. Ob es nun um einen Blumenkasten geht, um eine Gemüsekultur, eine Obstplantage, einen Weinberg, um eine gärtnerisch gestaltete Außenanlage oder einfach nur um ein Stück Land, auf dem sich hartnäckig »Unkraut« behauptet: Ein Garten bildet die Scheidelinie zwischen Wildwuchs und Kultivierung. Bei der Gartenarbeit – wenn wir Unkraut jäten, den Boden zur Bepflanzung vorbereiten, die Pflanzen gießen, sie pflegen oder abernten – bewegen wir uns im Grenzbereich zwischen Wildnis und kultiviertem Land. Indem wir den Garten betreten, lassen wir uns auf eine unmittelbare Beziehung zur Natur wie auch zu uns selbst ein. Diese Beziehung will erkannt, sie will bewusst und auf eine mitfühlende Art und Weise eingegangen werden. Dazu ist es notwendig, dass wir uns der Gartenarbeit mit von ganzem Herzen kommender Achtsamkeit widmen.

Mit kurzen, leicht einprägsamen Versen, sogenannten *Gathas*, leitet uns dieses Buch zur Gartenarbeit an und trägt dazu bei, dass wir achtsam werden. Eine Gatha zu rezitieren, sagt Zen-Meister Thich Nhat Hanh, »hilft uns, im gegenwärtigen Augenblick zu verweilen und uns der Handlung, der wir gerade nachgehen, vollkommen bewusst zu sein, sodass wir sie mit Verständnis und Liebe verrichten können.« Mit jeder Gatha versorgen wir die in uns vorhandenen Samen der Achtsamkeit mit Leben spendender Feuchtigkeit. Und wir lockern und kultivieren mit ihr die Grundlage für unsere Fähigkeit, präsent zu sein.

Jede hier vorgestellte Gatha sollte in Abstimmung auf den Atem geübt werden. Lesen Sie die Gatha erst einmal im Ganzen. Beachten Sie anschließend, dass Sie sich zunächst eine Zeile beim Einatmen vorsprechen, beim Sprechen der nächsten Zeile hingegen ausatmen. Demnach wäre die erste Zeile mit dem Einatmen synchronisiert, die zweite mit dem Ausatmen, die dritte wieder mit dem Ein- und die vierte mit dem Ausatmen.

Indem Sie die Übung auf diese Weise durchführen, verschafft Ihnen jede vierzeilige Gatha Zugang zu einem Augenblick der Achtsamkeit. Was aber bezeichnen wir überhaupt als Achtsamkeit? Achtsamkeit bedeutet, sich dessen bewusst zu sein, was um uns und in uns im gegenwärtigen Augenblick geschieht. Tief zu schauen und bei dem zu verweilen, was ist, befreit uns von der Verstrickung in die Vergangenheit oder Zukunft.

Widmen wir uns der Gartenarbeit, wecken die vielen kleinen Facetten der Natur all unsere Sinne und erden uns so im gegenwärtigen Augenblick. Zum Beispiel bedienen wir uns beim Unkrautjäten unseres Sehsinns, um die wunderschön glitzernden Blätter des heimischen, also nichtinvasiven Waldsauerklees (*Oxalis acetosella*) von den leicht rötlich braun gefärbten Blättern des invasiven Hornsauerklees (*Oxalis corniculata*) zu unterscheiden. Vom Geschmackssinn machen wir Gebrauch, wenn wir auf einem Basilikumblatt herumkauen oder in einen frisch gepflückten, von der Sonne durchwärmten Pfirsich hineinbeißen. Wir spüren, dass wir auf Tuchfühlung mit der Natur sind, wenn uns im Sommer ein erfrischender Windhauch über die Haut streicht und die Schweißperlen kühlt, die uns während unserer Liebesmühen im Garten die Haut benetzt haben. Eingestimmt auf unseren Atem können wir über den Geruch des Windes das Kommen der Jahreszeiten wahrnehmen.

Wenn wir die Natur in allen Einzelheiten sehen, hören, riechen, schmecken und fühlen, sind wir dadurch nicht nur stärker präsent. Vielmehr gewinnen gleichzeitig Mitgefühl und Liebe in uns an Kraft. Indem wir achtsam gärtnern – durch unsere Präsenz an der Gartenschaufel, bei jedem Schritt, den wir tun, und in unseren Gathas –, heißen wir den Geist willkommen, sich in unser Herz hinabzusenken. Daraufhin lichtet sich das Dickicht unseres Gedankengewirrs.

# 1

# Den Garten betreten

Betrete ich den Garten,
erblicke ich meine wahre Natur.
Was er mir widerspiegelt,
verhilft mir zur Erfahrung
von tiefem innerem Frieden.

Im Lauf des Lebens überschreiten wir zahlreiche Schwellen. Die eine oder andere scheint gewaltig vor uns aufzuragen – die Geburt, die ersten Schritte, die Einschulung, die erste Arbeitsstelle, der erste Arbeitsplatzverlust, die Eheschließung, die Elternschaft und das Sterben. Andere Schwellen sind subtil – von einem Zimmer ins andere hinübergehen, eine Pforte durchschreiten, eine Weg- oder Straßenkreuzung überqueren.

Betreten wir einen Garten, so überqueren wir eine Schwelle zur Natur. »Ein Garten«, schreibt William Longgood, »gleicht einer Pforte, einem Übergang in eine andere Welt, die Sie selbst erdacht und hervorgebracht haben.«\* Unser Eingang zum Garten mag ungewöhnlich beschaffen sein. Vielleicht haben wir hier auf eine alte, in einem speziellen architektonischen Stil gestaltete Tür zurückgegriffen, die wir auf einem Flohmarkt »retten« konnten. Vielleicht ist das Gartentor eine reich verzierte schmiedeeiserne Arbeit. Oder aber eine hübsche, von unserer Lieblingsglyzinienart mit ihren violetten, herrlichen Wohlgeruch verströmenden Blüten umrankte Holzlaube dient uns als Eingangsbereich zum Garten. Vielleicht ist solch ein Bereich auch nur angedeutet: zum Beispiel lediglich durch einen anderen Bodenbelag; durch eine Buchsbaumhecke, die einem Mäuerchen gleich in der Mitte eine Öffnung freigibt; oder durch die Äste zweier Ahornbäume, die sich vor der blauen Himmelskuppel wie ein Torbogen ausnehmen, während sich zugleich ihr Schatten auf dem Boden abzeichnet.

Die Schwelle am Zugang zum Garten mag ein gestalterisches Wagnis sein, sie kann jedoch auch ausgesprochen feinsinnig gestaltet sein – jedenfalls gibt sie uns gerade genug Raum, wieder zu uns zu kommen. Hier, an dieser Stelle, wird es uns möglich, unsere dem abstrakten Zeittakt der Uhr verpflichteten, auf dieses oder jenes Ziel zusteuernden Siebenmeilenstiefel abzulegen, mit denen wir ansonsten durchs Leben eilen. Und das verleiht uns, da wir nun alles langsamer angehen, die Fähigkeit, in den gegenwärtigen Augenblick zu gelangen.

Indem wir diese Schwelle auf achtsame Weise überqueren, vollziehen wir den Übergang aus dem weltlichen Bereich in das Heiligtum unseres Gartens. Beim Betreten des Gartens *kommen wir an*. Hier können wir innehalten, auf das Ein- und Ausströmen des Atems achten, die Schönheit und Anmut der Pflanzen rings um uns herum betrachten und von Grund auf präsent sein.

---

\* Peg Streep, *Spiritual Gardening: Creating Sacred Space Outdoors*, Makawao, Maui, 1999, S. 9.

Betrete ich den Garten,

Mit dem Einatmen wenden wir unsere ganze Aufmerksamkeit dem Augenblick unseres Ankommens zu.

erblicke ich meine wahre Natur.

Mit dem Ausatmen erkennen wir, dass wir unmittelbar an der gesamten Natur teilhaben. Wir gelangen zu einem tiefer gehenden Verständnis unserer selbst.

Was er mir widerspiegelt,

Mit dem Einatmen sehen wir, dass die Schönheit und Herrlichkeit des Gartens *unsere* Schönheit und Herrlichkeit widerspiegelt.

verhilft mir zur Erfahrung von tiefem innerem Frieden.

Lebendig den gegenwärtigen Augenblick erlebend, von der Natur umarmt und im Wissen um unsere unmittelbare Teilhabe am Leben, atmen wir aus. Dabei sind wir mit uns selbst zutiefst im Reinen.

# Einen Baum betrachten

Beim eingehenden Betrachten
eines Baumes
spüre ich seine Präsenz.
In seiner Stille
finde ich mein wahres Sein.

Eine in direkter Meereslage wachsende, windzerzauste Zypresse wertet und beurteilt nicht, wie es morgens nach dem Aufstehen um unser Haar bestellt ist. Stattdessen kann die Zypresse uns in Erinnerung rufen, welche Schönheit und Eleganz sich bisweilen daraus ergeben mag, wenn man sich den Gestaltungskräften der Natur überlässt. Die Wolken am Himmel nehmen uns unsere Launen nicht krumm. Stattdessen zeigen sie uns einen Weg auf, wie wir einfach mit dem, was wir fühlen, eins sein

und es vollständig zum Ausdruck bringen können: Sie wandeln sich vom hellen, wogenden Weiß zum feuchten, düsteren Grau, das die Ankunft des Regens vorhersagt. Unsere Tränen werden zu dem Regen, der der zarten Unterseite dieser Wolken entströmt. Und der listige Kürbis, der ganz verstohlen und fast unbemerkt oben auf unserem Zaun heranwächst, klagt nicht, dass er sich nicht bei seinen Brüdern und Schwestern unten auf dem Boden aufhalten kann. Genau an der Stelle, an der er sich befindet, bahnt er sich seinen Weg. Die Natur *ist* einfach und lehrt auch uns, lediglich zu sein.

Wie bei alldem, was unseren Garten ausmacht, liegt es ebenso auch in unserer Natur, einfach nur das zu sein, was wir bereits sind. »Da wir selbst Teil der Natur sind [...]«, schreibt der Landschaftsarchitekt Lawrence Halprin, »vermögen wir die von ihr eingeschlagenen Wege gut nachzuvollziehen; [...] und so dienen sie uns als ein unbewusstes Modell dafür, wie die Dinge sein sollten.«* Das Summen einer Biene, das Rascheln des vom Wind davongetragenen Espenlaubs, das rhythmische Zirpen der Zikaden bei Nacht – das ist die Stimme der Natur, unbelastet von allem Bedarf nach Veränderung oder Verbesserung.

---

\* Kathleen Norris Brenzel, *Sunset Western Garden Book*, Menlo Park, CA, 2001, S. 18.

Die Natur ist die Meisterin des Seins. Einfach nur sie selbst zu sein – unermesslich weit, grenzenlos und durch nichts bedingt –, allein darauf versteht sie sich, auf nichts sonst. Wollen wir lernen zu *sein*, müssen wir Zeit mit der Meisterin verbringen, Zeit in der Natur.

Wenn wir einen Baum eingehend betrachten, die zum Himmel gereckten Zweige, den geraden und starken Stamm, die tief in den Erdboden gewundenen Wurzeln, verspüren wir ihre Präsenz. Welcher Platz der Natur in unserem Garten zusteht, wissen wir nun zu würdigen. Der Baum trägt die Winde vergangener Zeiten in sich, den aus dem Meer zur Wolke aufgestiegenen Regen wie auch den Sonnenschein vieler Jahre. In unser Inneres gelangt die tiefgründige Präsenz der Natur als Stille. Wenn wir achtsam atmen, verkörpern wir diese Stille. Indem wir still werden wie der Baum, können unsere Gedanken am Gartentor zurückbleiben. Und wir können einfach wir selbst sein.

### Beim eingehenden Betrachten eines Baumes

Mit dem Einatmen erleben wir den Baum in all seiner Schönheit.

### spüre ich seine Präsenz.

Angesichts der zum Himmel emporstrebenden Zweige, des geraden und starken Stammes, der tief ins Erdreich gewundenen Wurzeln spüren wir die Präsenz des Baumes. Mit dem Ausatmen zeigen wir unsere Ehrerbietung vor dem Platz, der ihm im Garten zukommt.

### In seiner Stille

Der Baum trägt den Wind, den Regen und den Sonnenschein vieler Jahre in sich. In unser Inneres gelangt seine tiefgründige Präsenz als Stille. Mit dem Einatmen verkörpern wir diese Stille.

### finde ich mein wahres Sein.

Mit dem Ausatmen gelangen wir in unseren wahren Seinszustand. Nirgendwo brauchen wir hinzugehen, nichts gibt es zu tun. Wir *sind* einfach.

## Im Garten umhergehen

Ich setze die Sohle auf den Boden und berühre die Erde. In dieser Gemeinschaft findet meine Seele einen wahren Freund.

Nehmen Sie sich fest vor, achtsam zu gehen. Holen Sie ein paarmal tief Luft. Würdigen Sie einfach den Entschluss, sich Ihres Umfelds und Ihrer inneren Verfassung, Ihrer Gedanken, Gefühle und Empfindungen bewusst sein zu wollen, während Sie gehen. Achten Sie, wenn Sie zu gehen beginnen, zunächst einmal darauf, was Sie in dem Fuß empfinden, der momentan gerade den Boden berührt. Erleben Sie den Prozess, wie Sie die Füße bewegen. Welche Muskeln werden angespannt, während Sie sich bewegen, und welche werden entspannt? Achten Sie darauf, wohin Sie sich bewegen und welche Qualität jeder Schritt hat. Weiten Sie Ihr Gewahrsein so, dass Ihr Umfeld mit einbezogen ist. Was sehen, riechen, hören und fühlen Sie, während Sie gehen? Welches Empfinden hinterlässt die Luft auf Ihrer Haut? Weiten Sie Ihr Gewahrsein dahingehend, dass Sie sich nicht nur der Empfindung des Gehens, sondern auch der Ihres Umfelds bewusst sind. Nehmen Sie zugleich wahr, was sich *in* Ihnen abspielt – Ihre Gedanken und Emotionen zum Beispiel. Welche Gedanken kommen Ihnen in den Sinn, während Sie gehen? Zu einer Beurteilung dieser inneren Erfahrungen besteht keinerlei Notwendigkeit. Nehmen Sie sie einfach so zur Kenntnis, wie sie sind.

Unser achtsames Gehen verschafft uns Verbundenheit mit der Erde wie auch mit den uralten Praktiken und Ritualen derjenigen Kulturen, die unter unseren Autobahnen und Wolkenkratzern begraben

liegen. Wir entschleunigen uns. Indem wir unsere Sohle auf den Erdboden setzen, unsere Schritte und all unsere Bewegungen achtsam mit dem Ein- und Ausatmen verbinden, holen wir uns aus der Dumpfheit und der Isolation unserer Alltagsroutine heraus.

Jeder Schritt, den wir im Garten zurücklegen, kann Achtsamkeit zum Ausdruck bringen, kann ein Schritt sein, den wir gemächlich und in Verbindung mit dem Atem vornehmen. Zwar gilt dies überall auf der Welt, wo wir gehen und stehen; im Garten allerdings ganz besonders,

weil wir uns dort unmittelbar auf dem Erdreich bewegen und nicht auf von Menschenhand gefertigten Materialien wie Beton oder Asphalt. Wenn wir die Erde direkt berühren, nehmen wir nicht nur das auf dem Erdboden existierende Leben bewusster wahr, sondern zugleich die unermesslich vielen Ausdrucksformen des Lebens unter der Erde.

Denken Sie zum Beispiel an den Regenwurm. Er hat fünf Herzen, die sogenannten Aortenbögen, und für das Leben im Boden spielt er eine völlig unverzichtbare Rolle. Denn über die unterirdischen

Gänge, die der Regenwurm gräbt, können Wasser, Sauerstoff und Nährstoffe an das Wurzelsystem unserer Pflanzen gelangen. Fünf Herzen! Jedes Mal, wenn ich bei der Gartenarbeit einem Regenwurm begegne, sage ich: »Guten Tag, mein Lieber, danke für die wunderbare Arbeit, die du leistest!« Mit diesen kleinen Wesen gehe ich behutsam und liebevoll um, indem ich sie wieder mit Erde bedecke, damit sie vor dem grellen Sonnenlicht geschützt sind und nicht zur leichten Beute einer in der Nähe umherstreifenden Drossel werden. Lange bevor mir bekannt war, welch ganz entscheidenden Beitrag Regenwürmer zu einer lebendigen Bodenflora leisten, habe ich als Kind bei Regenwetter auf meinem Schulweg all die Regenwürmer aufgelesen, die sich über den Bürgersteig und über die Straße quälten. Mochte ihr Körper sich auch glitschig anfühlen und sich winden, habe ich die Regenwürmer trotzdem auf den benachbarten Blumenbeeten abgesetzt. So sollte ihnen das traurige Geschick erspart bleiben, unter Schuhsohlen oder Autoreifen zerquetscht zu werden.

Viele von uns verspüren das Verlangen, ihre kindliche Neugierde und Offenheit zurückzugewinnen. »Mit der Wirklichkeit des Geistes in Berührung sein«, sagt Zen-Meister Thich Nhat Hanh, »ist so, als würden wir beim Graben tief in der Erde auf einen verborgenen Quell stoßen, der unseren Brunnen mit frischem Wasser speist.«* Eigentlich suchen wir in solch einer Grube, wenn vielleicht auch unbewusst, nach uns selbst. Angesichts des technischen Fortschritts, der uns allenthalben umgibt, können wir zwar über das Internet und unsere vielfältigen Reisemöglichkeiten quasi im Handumdrehen an fast jeden Ort auf dem Globus gelangen. Zugleich haben die meisten Menschen jedoch den Kontakt zu sich selbst verloren. Unter der frostigen Oberfläche unserer technischen Fortschritte und unserer Geschäftigkeit sind viele von uns gewissermaßen lebendig begraben.

Der langsame, absichtsvoll gewählte Rhythmus unseres achtsamen Schreitens befreit uns aus der Wirrsal des ganzen elektrischen Kabelsalats unter unserem Schreibtisch. Er führt uns zurück zum Kern unseres Daseins und versetzt uns in die Lage, von Neuem wie ein Kind zu staunen. Die juwelengleichen Tautropfen auf dem Netz der Gartenspinne beginnen wir nun mit anderen Augen zu betrachten. Den melodischen Gesang der Amsel vernehmen wir auf eine neue Art und Weise. Und den Duft der Jasminblüten nehmen wir mit dem frisch einströ-

---

* Thich Nhat Hanh, *Vierzehn Tore der Achtsamkeit – zu einem spirituellen Engagement in der Welt*, übers. v. Irene Knauf, Berlin 1998, S. 14.

menden Atem in uns auf. Wir lernen, im gegenwärtigen Augenblick zu leben, und leben wieder auf.

### Ich setze die Sohle auf den Boden und berühre die Erde.
Mit dem Einatmen drosseln wir das Tempo.

### In dieser Gemeinschaft
Mit dem Ausatmen sind wir frei von dem geschäftigen Treiben unseres Alltags und dem Gewirr all der elektrischen Kabel, die unter unserem Schreibtisch ihr Dasein fristen. Wir erfreuen uns der Freiheit, die wir in der Zwiesprache mit der Natur erfahren.

### findet meine Seele
Mit dem Einatmen lassen wir uns entspannt in die Arme der Natur sinken, die uns herzlich willkommen heißt, und lernen unseren Garten wie auch uns selbst kennen.

### einen wahren Freund.
Mit dem Ausatmen schließen wir wahre Freundschaft mit dem Planeten Erde und all seinen Bewohnern.

# 2
# Grün in Hülle und Fülle

Drinnen im Garten
umwogt mich ein Meer von Grün.
In ihm geborgen, lerne ich zu sehen,
was Einssein tatsächlich bedeutet.

☙ Unser Garten trägt dazu bei, uns aufzuwecken. Das Gartengelände ist bereits ein vollständiges Ganzes und verlangt von uns nichts weiter als unsere reine Aufmerksamkeit. Indem wir Zeit im Schoß der Natur verbringen, lassen wir zu, dass das Pflanzenmeer uns in sich birgt, und wir lassen uns entspannt in seine vielen Schichten und vielfältigen Strukturen fallen. Unsere Bewegungen verlangsamen sich. Allmählich gehen, atmen und gärtnern wir mit Achtsamkeit. Die Jahreszeiten in der Natur mit ihrer immer gleichen Abfolge, ihren spezifischen Merkmalen werden, wenn wir mit den Augen der Achtsamkeit sehen, ebenso wie der unverkennbare Austausch von Sauerstoff und Kohlendioxid, der das Leben in uns aufrechterhält, zum Spiegelbild unseres gesamten Daseins. Während wir gehen, atmen und unsere Gartenarbeit verrichten, ohne den Versuch zu unternehmen, die Dinge unter Kontrolle zu bekommen, werden wir vom Planeten Erde getragen. Die Erde begegnet uns auf Schritt und Tritt.

Der Kreislauf der Jahreszeiten in der Natur führt uns vor Augen, in welcher Weise auch wir fortdauern werden. Die Frühlingsblumen und das schiere Potenzial des Samens sind Spiegelbilder unseres physischen Gestaltwerdungsprozesses, der Verkörperung von Leben und Bewegung. Dabei entspricht unsere Kindheit im Kontext des Gartens dem Sommergemüse, einer vergnüglichen Phase des Wachsens und Heranreifens. Die Früchte und Segnungen des Erwachsenseins werden geerntet, wenn in der Herbstsaison unseres Gartens der Mais, die Tomaten und Kartoffeln zur Reife gelangen. Und wenn im Winter die alternden Blätter, ein Symbol für die heilige Reise unseres zur Erde zurückkehrenden Körpers, um die eigene Achse rotierend dem Boden entgegenschweben, schließt sich der Kreis des Lebens.

Durch achtsame Gartenarbeit werden die scheinbar fest vorgegebenen Grenzen, die die Elemente der Natur wie auch uns selbst umgeben, allmählich aufgehoben. Wir beginnen zu erkennen, wie wir über den Körper, besonders über den Atem, in das Webmuster der Erde mit eingebunden sind. Verweilen wir im gegenwärtigen Augenblick, verschmelzen wir mit der Natur. Schließt sie uns in die Arme, sind wir nie allein. Soviel ist gewiss.

### Drinnen im Garten

Unser Garten ist ein Heiligtum, in dem wir lernen können, selbst die uralte Weisheit des Planeten Erde zum Ausdruck zu bringen. Mit dem Einatmen erlauben wir uns, die Pforte zur Natur zu durchschreiten, und öffnen uns für die Einsicht in ihre Wahrheit.

umwogt mich ein Meer von Grün.

Mit dem Ausatmen überlassen wir uns jenem grünen Pflanzenmeer, das unseren Garten ausmacht.

In ihm geborgen,
lerne ich zu sehen,

Mit dem Einatmen wissen wir, dass wir über den Körper und den Atem in das Webmuster der Erde mit eingebunden sind. Wir sind die Blume. Und die Blume ist eins mit uns.

was Einssein tatsächlich bedeutet.

Mit dem Ausatmen erkennen wir von Grund auf an, dass wir mit dem Leben selbst eins sind.

# Hören lernen, wie das Land zu uns spricht

Die Natur spricht in Symbolen:
im Sichtbaren, im Klang, im Duft,
im Geschmack und im Gefühl.
Vollkommen vertieft in die Sprache,
in der das Land zu mir spricht,
verkörpere ich
die Weisheit der Natur.

Wie teilt die Natur sich uns mit? Über das pulsierende, durch Lichtbrechung hervorgerufene Farbenspiel des Regenbogens, über die Schönheit des raschelnden Laubs und über die trompetenartigen Rufe, die das Pfauenmännchen aus vollem Hals ertönen lässt, während seinem weit geöffneten Schnabel dampfender Atem entströmt. Im Duft frischen Grüns spricht sie ebenso zu uns wie in den Melodien aus dem unerschöpflichen Repertoire der auf die dünne Erdschicht, die unseren Planeten bedeckt, niederprasselnden Regentropfen; im Summen einer von Mohnblüte zu Mohnblüte schwebenden Hummel, die mit ihrem Leib freudig um das von Blütenpollen schwangere Staubblatt herumwirbelt; und in dem Geräusch, das von der Schale eines rotwangigen Apfels herrührt. Ihre Sprache ist die Sprache der Rosenknospen, die sich zu gefiederten Wesen gleichenden Blütenblättern öffnen; die Sprache der saftigen, sternförmigen Blätter, die sich zur Sommertracht des Amberbaums entfalten; und die Sprache der dekadent anmutenden Opulenz einer leuchtend blauen, mit prächtigen goldbraun gesprenkelten Birnen gefüllten Obstschale.

Um die Stimme der Natur vernehmen zu können, müssen wir in uns ruhen und innerlich still sein. Durch achtsame Ausübung der Gartenarbeit bewirken wir, dass wir uns stärker mit unserer Erdheimat verbunden fühlen. Geerdet in der Natur,

gelangt der Geist zur Ruhe. Und wir werden still. Wir nehmen uns die Zeit zu sehen, zu hören, zu riechen, zu fühlen und zu erahnen, was uns umgibt. Die Worte, mit denen wir die Dinge bezeichnen, stehen nun längst nicht mehr so sehr im Vordergrund für uns. Voll und ganz damit befasst, den Dingen aufmerksam zu lauschen, ohne sie zu benennen, vertiefen wir uns in die Stimme der Natur. Die natürliche, sich frei von jeder Wertung und Beurteilung unentwegt Ausdruck verschaffende Ganzheit und Unverfälschtheit des Landes und seiner Bewohner bewirken, dass wir lockerer und zugänglicher werden.

Sonne und Schatten, Wind und Windstille, Wasser und Dürre, Grün und Braun, Auf und Ab, kalt und heiß, weich und hart, glatt und rau, dies sind die Ausdrucksformen des Landes – seine Muttersprache. Damit die Umsetzung all unserer Pläne für den Garten im Einvernehmen mit dem Planeten Erde erfolgen kann, bleiben wir stets achtsam, halten die Augen offen, lauschen aufmerksam und beherzigen dann, was die Stimme der Natur uns zurät. Indem wir, vertieft in die Sprache des Landes, genau hinhören, nehmen wir mit dem Atem die Weisheit der Natur in uns auf.

### Die Natur spricht in Symbolen:

Mit dem Einatmen vernehmen wir in den Regungen des Windes, im Rauschen eines

Flusses und im schimmernden Licht des Mondscheins die Stimme der Natur.

*im Sichtbaren, im Klang, im Duft,
im Geschmack und im Gefühl.*
Mit dem Ausatmen lassen wir zu, dass uns die symbolischen Äußerungen der Natur und des Landes in all ihren Details voll und ganz in Anspruch nehmen.

*Vollkommen vertieft in die Sprache,
in der das Land zu mir spricht,*
Indem wir mit dem Einatmen vollkommen vertieft der Sprache des Landes aufmerksam lauschen, nehmen wir mit dem Atem die Weisheit der Natur in uns auf. Frei von eigenen Gedanken und vorgefassten Ideen, allein für den gegenwärtigen Augenblick präsent, nehmen wir alle Eindrücke in uns auf und lassen zu, dass die so gewonnenen Informationen uns zur gärtnerischen Gestaltung inspirieren.

*verkörpere ich
die Weisheit der Natur.*
Wenn wir unsere Inspiration aus der Weisheit der Natur schöpfen und sie zur Quelle unseres Handelns wird, entwickeln wir uns zu echten Gärtnern. Mit dem Ausatmen setzt sich durch unsere Gedanken, Worte und Handlungen das Wirken der Natur im Wachstumsprozess unseres Gartens weiter fort.

# Gestaltung und Inspiration

*Visuelle Eindrücke und Klänge,
Düfte und Strukturen
und die Stille des Schweigens –
Schönheit, Schönheit allüberall –
Tropfen für Tropfen
etwas überaus Kostbares für mich.*

Wo wir auch hinblicken, überall erfreut uns die Natur mit einer zur Besinnung einladenden Schönheit. Diese können wir freilich auch in unser Leben und in unseren Garten integrieren. Die nötige Inspiration zu meiner Arbeit als Landschaftsarchitektin erhalte ich, indem ich mich in die Natur begebe und mir das Spiel der Linien, Bewegungen, Farben und Formen da draußen in der Welt aufmerksam anschaue. Ohne mir regelmäßig eine solche Auszeit in der Natur zu gönnen, liefe ich Gefahr, dass meine Entwürfe langweilig und eintönig würden, der kreative Prozess ins Stocken geriete und ich in meiner Gestaltung der Gärten zu wenig auf die jeweiligen Gegebenheiten eingige.
Ganz gleich, ob wir gerade unseren ersten Garten gestalten oder den hundertsten – die ringsum in der Natur zu beobachtende Linienführung und Formgebung,

die Felsen, Blumen, Bäume und Gewässer vermögen uns stets zu inspirieren. Erblicken wir zum Beispiel in einem Nachbargarten die zauberhafte Kombination aus violetten Salbeiblüten und leuchtend gelben Taglilien *Stella de Oro*, kann uns dies dazu anregen, Violett und Gelb in die Gestaltung des eigenen Gartens mit einzubeziehen. Die anmutige Präsenz eines blühenden Hartriegel- oder Kornelkirschenstrauchs am Waldrand könnte uns vor Augen führen, wo wir in unserem Garten hinterm Haus den idealen Standort für einen Hartriegelstrauch finden. Wenn wir uns darauf besinnen, wie wir unseren Garten gestalten und welchen Grundriss wir ihm geben wollen, ist die Natur unsere ständige Begleiterin und Muse.

In jedem von uns steckt eine Gartenarchitektin oder ein Gartenarchitekt. Der Gestalter in uns kann aus einem Spaziergang im Park oder aus der Betrachtung von Gärten in einem Stadtviertel, das wir uns bis dahin noch nicht richtig angeschaut haben, Inspiration schöpfen. Und wer etwas über neue Pflanzen in Erfahrung bringen möchte – über Pflanzen, die wir unter Umständen noch nie zuvor zu Gesicht bekommen haben –, für den sind solche Kulturlandschaften wie etwa ein im botanischen Garten angelegtes Arboretum oder der reiche Pflanzenfundus einer Gärtnerei eine fabelhafte Informationsquelle. Indem wir uns an solchen

Orten bei einem hübschen Spaziergang auf Entdeckungsreise begeben, erschließen wir dem Ideenreservoir unseres inneren Gestalters neue schöpferische Impulse. Auf diese Weise nimmt in unserer Vorstellung der Garten nach und nach Gestalt an.

Ganz gleich, ob Gartenarbeit Neuland für uns ist oder ob wir es schon seit Jahren gewohnt sind, die Erde umzugraben – die Zeit, die wir nutzen, unser schöpferisches Reservoir in solch einer Weise aufzufrischen, ist für uns eine ausgesprochen fruchtbare Phase. In ihr tragen wir neue Kenntnisse und Ideen zusammen. Die Zeit, die wir in und mit der Natur verbringen, damit die Quelle des Inspirationsstroms in der Tiefe unseres Seins frischen Zulauf erhält, bringt einen durch nichts zu ersetzenden Regenerationsprozess in Gang. Durch das visuelle Erleben der Gärten und all die anregenden Eindrücke, die wir bei dieser Gelegenheit in uns aufnehmen, erhalten wir Zugang zu ungeahnten inneren Ressourcen, und nie für möglich gehaltene Ideen kommen uns in den Sinn. Machen wir uns dazu Notizen und versehen sie mit den entsprechenden Skizzen, so hilft uns das, diese Impulse auf eine tiefere Erfahrungsebene im Körper zu holen. Das prägt auf ganz reale Weise die Richtung, in die sich unsere Gartenarbeit entwickelt.

Ein solches Wiederauffrischen unserer Kreativität ist ein aktiver Prozess, bei dem wir hellwach und achtsam bleiben. In Erfahrung zu bringen, wovon wir uns angezogen und wovon wir uns abgestoßen fühlen, spielt dabei eine wichtige Rolle. Diese Unterscheidung trägt dazu bei, das eigene Verhältnis zur Natur besser zu verstehen. Ob wir nun die Natur bei einem Spaziergang erleben oder beim Durchblättern einer Zeitschrift, wichtig ist, darauf zu achten, was wir mögen und was nicht. Unsere Reaktionen schriftlich festzuhalten – uns zu notieren, warum wir uns von bestimmten Elementen dessen, was wir beobachten, angezogen oder abgestoßen fühlen – ist für unsere Materialsammlung zum Thema Gartengestaltung von entscheidender Bedeutung und trägt dazu bei, dass wir uns mit diesem Fragenkomplex engagiert auseinandersetzen. Anhand solcher Aufzeichnungen treten bestimmte in uns vorhandene Muster zutage, die unser Verhältnis zur Natur prägen. Gut möglich, dass sich in diesen Mustern nicht nur unsere Vorlieben und Abneigungen widerspiegeln. Unter Umständen enthüllen sie uns auch, wodurch es kommt, dass wir uns entweder wohlfühlen oder uns unbehaglich zumute ist, was uns Freude oder Leid bringt, was uns Energie verleiht oder in einen Zustand von Lethargie versetzt. Hellwach und achtsam beobachten wir die eigenen Vorlieben, ohne eine Bewertung beziehungsweise Beurteilung vorzunehmen.

Formgebung genau zu betrachten ist ein wesentlicher Bestandteil des schöpferischen Prozesses, der sich in uns vollzieht. Stille hat indes ebenfalls einen überaus vorteilhaften Einfluss auf jenen Gartengestalter, der in jedem von uns steckt. Das Geschenk der Stille versetzt uns in die Lage, die bislang immer noch kleine und schwache Stimme des Herzens – unser wahres Selbst – zu vernehmen, und erleichtert uns eine unmittelbare Einstimmung auf die Stille der Natur. Auf diese Weise kehrt die für das Dasein der Natur kennzeichnende Stille *in uns* ein. *Wir* sind dann die Stille. Indem wir das erkennen und anerkennen, heißen wir zugleich Weite und Anmut willkommen, sodass sie ebenfalls zum Bestandteil unserer Vision werden können. Da es im Vergleich zu Klängen und Geräuschen so unendlich viel mehr Stille gibt, bietet diese uns ein gewaltiges Betätigungsfeld zur Förderung der eigenen Imagination. Ganz neue Welten, und Gärten, gehen aus dem reinen Potenzial der Stille hervor.

## Visuelle Eindrücke und Klänge, Düfte und Strukturen

Mit dem Einatmen füllt sich beim Anblick einer Libelle, beim Quaken einer Rotbauchunke, angesichts des Dufts, der den Blüten des Lavendels entströmt, und der Struktur von frisch vom Kolben gebrochenen Maiskörnern, die wir in der Hand halten, unser schöpferisches Reservoir. Jede Einzelheit liefert unserer Vision vom Garten Inspiration.

### und die Stille des Schweigens –
Mit dem Ausatmen gestatten wir uns zu verstummen und lauschen der Herzensinspiration für unsere Vision.

### Schönheit, Schönheit allüberall –
Mit dem Einatmen nehmen wir die Schönheit der Natur achtsam in uns auf. Unsere schöpferischen Ressourcen, die Quelle unserer kreativen Kraft, füllen wir so mit lebendiger Inspiration durch die uns umgebende Landschaft.

### Tropfen für Tropfen
### etwas überaus Kostbares für mich.
Mit dem Ausatmen sind wir wach und achtsam für den aktiven Prozess, gemeinsam mit der Natur unseren Garten zu erschaffen.

## Das Heilige erkennen

Indem ich die Dinge sehe,
wie sie sind,
lausche ich aufmerksam
der Stimme meines Herzens,
halte mich an die Freude,
die ich in mir verspüre,
und erkenne so, was heilig ist.

Lassen wir ruhig unser Herz schalten und walten, um so in einem ersten Schritt erkennen zu können, was uns heilig ist – was wir, mit anderen Worten, in unserem bereits existierenden Garten erhalten wollen. Doch nicht nur Anhänglichkeit,

Begeisterungsfähigkeit und Zuneigung sind Wesensmerkmale des Herzens, sondern auch Weisheit, also Erkenntnis- beziehungsweise Unterscheidungsvermögen. Dieser innere Ratgeber, unser emotionales Wissen, kann allerdings durch Fakten und durch das rationale Denken übertönt werden. Unter Umständen werden wir die Stimme des Herzens niemals vernehmen, wenn wir uns schnurstracks den Fakten und rationalen Erwägungen zuwenden, indem wir zum Beispiel überlegen, welche Pflanzen besonders pflegeleicht sind oder mit der Sonne, dem Wasser und den natürlichen Bodenverhältnissen auf dem betreffenden Fleckchen Erde am besten zurechtkommen. Die Möglichkeit zu haben, erst einmal herausfinden zu können, was uns ganz besonders am Herzen liegt, ohne gleich vernünftig sein zu müssen, ist jedoch von außerordentlich großer Bedeutung.

Möglicherweise hört sich das nicht gerade klug an – doch wir sind darauf angewiesen, in Erfahrung zu bringen, was *in* uns vorgeht. Ein ganz entscheidender Punkt! Beispielsweise sollten wir wissen, dass uns der Kirschbaum, den wir vom Großvater erhalten haben, sehr viel bedeutet, *selbst wenn* er ziemlich ausgezehrt und zerfleddert aussehen mag. Aus unserer Bereitschaft zu eingehenderer Betrachtung erwächst eine innigere Vertrautheit mit der Natur. Räumen wir dem, woran unser Herz hängt, einen festen Platz in unserem Garten ein, werden auch wir selbst umso eher zu einem integralen Bestandteil des Ganzen. Wenn wir wissen, woran wir eine gefühlsmäßige Bindung haben, erleichtert uns das später die Einsicht, welche Richtung wir mit unserem Garten eigentlich einschlagen wollen, sobald es an die Abstimmung der gewünschten Gestaltung mit der eher linear vorgehenden und faktenbezogenen Analyse unseres Gartens geht.

Von ganzem Herzen wird ein Fleckchen Erde erst *unser Garten*, wenn wir erkennen und anerkennen, welche Emotionen er in uns hervorruft, welche gefühlsmäßigen Bindungen wir an ihn haben und wodurch er uns Freude bereitet. Das ist unsere Wahrheit. Einem Teil unserer Wahrheit keine Beachtung zu schenken wäre unklug. Lassen wir also Wertungen und Beurteilungen beiseite. Gestatten wir uns, all unsere Emotionen und alles, was uns gefühlsmäßig an unser Stückchen Land bindet, in Erfahrung zu bringen und es so weitgehend wie möglich auszuloten. Im weiteren Verlauf des Prozesses werden wir dieses Wissen dann mit den Tatsachen – mit unseren eher linearen, faktenbezogenen Beobachtungen – in Einklang bringen. Zunächst einmal müssen wir allerdings wissen, wo *wir* stehen. Die eigene Wahrheit zu kennen sorgt für aufrichtige Entscheidungen, mit denen wir, wenn wir uns anschicken, unserem Garten eine Form zu geben, uns selbst treu bleiben.

### Indem ich die Dinge sehe, wie sie sind,

Mit diesem Atemzug gestatten wir uns einfach, bei dem zu verweilen, was ist – dem Guten, dem Schlechten, dem Schönen und dem Hässlichen. Wir lassen zu, dass Gleichmut die Grundlage bildet, von der aus wir beobachten.

### lausche ich aufmerksam der Stimme meines Herzens,

Mit dem Ausatmen gestatten wir uns, aufmerksam darauf zu hören, wie unser Herz reagiert – wofür es sich begeistert und woran es hängt.

### halte mich an die Freude, die ich in mir verspüre,

Unsere Freude zeigt an, was uns heilig ist. Aufmerksam hören wir beim Einatmen auf die Freude, die wir in uns verspüren – lassen sie darüber entscheiden, welche Schritte wir unternehmen, welche Entscheidungen wir treffen und was für uns wichtig beziehungsweise von Wert ist. Hier stützen wir uns nicht auf die Vernunft, sondern gestatten uns, einfach wahrzunehmen, was uns Freude bereitet, eine Wohltat für uns ist und uns Zufriedenheit verschafft, ohne dies vor irgendjemandem rechtfertigen zu müssen – nicht einmal vor uns selbst.

### und erkenne so, was heilig ist.

Was uns Freude bereitet, ist heilig, ungeachtet der Form, die es hat oder annimmt. Mit dem Ausatmen versorgen wir die in uns vorhandenen Samen von Selbstbejahung und Liebe mit Wasser.

# Den Garten gestalten

**3**

In dieser Vision
sehe ich klar,
wie sich das gesamte Universum
in aller Bescheidenheit entfaltet.

✑ Indem wir unsere Vision auf den Boden der Tatsachen zurückholen, wo sie auf das schon vorhandene Gelände und seine Bewohner trifft, lassen wir zu, dass sich die Vereinigung von Form und Nichtform vollzieht. An bereits existierende Formen anzuknüpfen – sie bei der Hand zu nehmen, während ich zugleich jener schöpferischen Vision, die sich erst noch manifestieren soll, die andere Hand reiche – macht für mich als Landschaftsarchitektin einen der interessantesten Teile des kreativen Prozesses aus. Indem wir die vorhandene Form bei der Hand nehmen, heißen wir das Land und all seine Bewohner so, wie sie sind, willkommen: Bäume, Sträucher, Blumen, Vögel, Marienkäfer und Eidechsen. Dabei behalten wir im Sinn, welche Erfahrungen wir mit ihnen gesammelt haben und welche Gefühle wir ihnen gegenüber hegen. Während wir so die vorhandene Form bei der Hand halten, reichen wir gleichzeitig unserem schöpferischen Selbst die Hand. Dieses ist der uns innewohnende Landschaftsgestalter, der die Natur beobachtet, ihre vielen Details ebenso in sich aufgenommen hat wie ihre Strukturen und ihre Eigenarten. Es ist die Hand unseres Vorstellungsvermögens.

Zwischen den im Garten vorhandenen Formen und der uns vorschwebenden schöpferischen Vision tut sich ein unendlich großes Potenzial auf. Als Gärtner stehen wir auf heiligem Grund und Boden, auf dem wir die Hand der existierenden Form und diejenige unserer Imagination ineinanderlegen und sie miteinander verbinden. Ersten physischen Ausdruck verleihen wir unseren Ideen und unserer Vision, wenn wir sie aufzeichnen. Ganz gleich, ob wir unsere Ideen mit dem Stiefelabsatz in die braune Erde unseres Gartens kratzen, ob wir sie, während wir mit Freunden beim Abendessen sitzen, auf einer Serviette skizzieren, oder ob wir einen sorgsam mit Bleistift gezeichneten Entwurf derjenigen Vorstellungen, die uns inspirieren, zu Papier bringen – an dem Punkt fangen wir mit der Gestaltung des Gartens an. Sobald sich die Umrisse unserer Vision erkennbar abzeichnen, füllen sie sich mit Leben. Aus den hingekritzelten oder sorgfältig aufgezeichneten Konturen werden dann auf unserem Stück Land dreidimensionale Beeteinfassungen und Hochbeete. Wo anfangs lediglich ein paar Kreise zu sehen waren, die wir beispielsweise auf eine Serviette gezeichnet hatten, wachsen nun, von uns ins Erdreich gesetzt, Veilchen und Lavendel. Ähnlich wie ein Standbild aus einem herkömmlichen, von einer Filmspule abrollenden Film geben unsere Zeichnungen symbolhaft einen Schnappschuss unserer ursprünglichen Vision wider.

Sorgsam darauf bedacht, im Verlauf unseres schöpferischen Prozesses achtsam zu sein, studieren wir die Teile des Gartens und behalten dabei zugleich das Ganze im Blick. Dank der zeichnerischen Umsetzung unserer Ideen können wir unter den Elementen der von uns ins Auge gefassten Vision sowie zwischen ihnen und der bereits existierenden Landschaft räumliche Beziehungen erkennen, sie aufmerksam betrachten und abwägen. *Die Form folgt der Funktion*. Diese wichtige Regel sollten wir dabei stets im Sinn behalten. Ganz entscheidend kommt es darauf an, dass wir dem Land unsere Ideen nicht aufdrängen, sondern geistig flexibel und beweglich an die Sache herangehen. Wenn wir zulassen, dass die Formen unserer Vision ihrer Funktion gerecht werden, haben wir die größten Chancen, unser Wirken mit den von Natur aus vorliegenden Bedingungen in Einklang zu bringen und so eine gelungene Gestaltung zu ermöglichen. Nehmen wir mal an, wir hätten in Betracht gezogen, von der Straße zum vorderen Gartentor hin einen ebenerdigen Zugang anzulegen, stellen dann jedoch fest, dass auf dem gesamten Gelände ein gleichmäßiges Gefälle herrscht. Daraufhin werden wir – Form folgt der Funktion – zum Ausgleich des Höhenunterschieds eine Reihe von Stufen oder aber einen Zugangsweg mit gut zu bewältigender Steigung mit

einplanen müssen. Indem wir begreifen, dass unsere Vision den Voraussetzungen, die unser Stück Land mitbringt, entsprechen muss, schauen wir uns in aller Ruhe eingehend an, wie die neue Linienführung, die wir im Sinn haben, sich mit dem vorhandenen Terrain und den Bewohnern unseres Gartens verträgt. Und wir lassen dann zu, dass die derart sich entwickelnde Gestaltung den natürlichen Konturen und Bedingungen des Gartens gerecht wird. In Gedanken schreiten wir die in unserer Vorstellung entwickelten Formen ab und fühlen uns, so gut wir können, in ihre Struktur, ihre Abmessungen und ihre Beziehung zur Erde ein. Unsere Zeichnungen bieten uns einen Ort, zu dem wir immer wieder zurückkommen können, um gegebenenfalls hier und da etwas zu überdenken und es neu zu bewerten, um Dinge zu überprüfen und bei Bedarf Veränderungen an ihnen vornehmen zu können.

Indem wir unsere Vision in eine zeichnerische Darstellung umsetzen, schaffen wir die Grundlage dafür, dass unser Garten gedeiht und wir getrost auf den schöpferischen Prozess vertrauen dürfen. Derart in den tragfähigen Boden des Vertrauens eingepflanzt, kann unsere Vision ganz natürlich und organisch Gestalt annehmen. Achtsam die Umrisse und Formen unserer Vision aufzuzeichnen macht uns frei.

### In dieser Vision

Mit dem Einatmen verschafft unsere Vision dem Garten neues Leben.

### sehe ich klar,

Unsere Zeichnungen helfen uns, während wir ausatmen, klar zu sehen, wie all die Elemente unseres Gartens und die Natur selbst einträchtig zusammenwirken können.

### wie sich das gesamte Universum

In unserem bescheidenen Garten, so erkennen wir beim Einatmen, ist das Universum gegenwärtig.

### in aller Bescheidenheit entfaltet.

Mit dem Ausatmen entfaltet sich unser Garten gemäß den Gesetzen der Natur und in Entsprechung zur Lage unseres Fleckchens Erde.

## Vision trifft auf das, was wir wertschätzen

Meine Vision bringe ich,
mich locker an sie haltend,
liebevoll mit der Erde
meines Gartens in Berührung.
Durch die Begegnung meiner
Imagination mit dem Leben
erhält die Saat meiner schöpferischen Kraft Leben spendende
Feuchtigkeit.

Nachdem wir anhand unserer Freude herausgefunden haben, was uns heilig ist, schicken wir uns nun an, mithilfe der unvoreingenommenen Weisheit unseres

Herzens zu entscheiden, was aussichtsreich und funktionsfähig ist. Als Leitlinie für diesen Unterscheidungsprozess dient uns das natürliche Gedeihen des vorhandenen Lebens. Das überwiegend gesunde Wachstum unserer heimischen Pflanzen zeugt von heilsamer Harmonie mit der Umwelt. Demgegenüber verweist Krankheit auf eine Disbalance, auf mangelnde Übereinstimmung mit den gegebenen Voraussetzungen. Schauen wir uns die Flora und Fauna unseres Gartengeländes eingehend an, gewinnen wir ein innigeres Verständnis der organischen Bedingungen, unter denen unser Garten lebt und gedeiht. Indem wir den Garten mit den Augen unseres weisen und unterscheidungsfähigen Herzens betrachten, finden wir uns damit ab, dass manches funktioniert, wohingegen anderes nicht funktioniert. Während wir uns liebevoll der Aufgabe widmen, auf unserem Fleckchen Erde die eigene Vision locker in die Tat umzusetzen, machen wir uns Notizen. Wir sehen, wo unsere Vision mit denjenigen Dingen, die uns im derzeit vorhandenen Garten lieb und teuer sind, in Einklang steht und wo andererseits ein Nebeneinander nur mit Mühe möglich ist beziehungsweise Konflikte heraufbeschwört. Vielleicht stellen wir zum Beispiel fest, dass die aprikosenfarbenen Schwertlilien, die wir von der Urgroßmutter erhalten haben und so überaus schätzen, an ihrem Platz im Garten unweigerlich eingehen würden, da wir in unserer Planung direkt daneben einen Küstenmammutbaum (*Sequoia sempervirens*) vorgesehen haben, der, sobald er zu voller Größe herangewachsen ist, ein übermächtiges Schattendach bildet. Wenn wir erkennen, dass sich solch eine Disharmonie abzeichnet, können wir eine Kompromisslösung finden. Zum Beispiel können wir uns für einen anderen Baum entscheiden, der für weniger Schatten sorgt: etwa für eine laubabwerfende Sumpfmagnolie (*Magnolia virginiana*), die nur mäßig Schatten wirft. Den Sommer über wird das Sonnenlicht dann bis zu unseren hochgeschätzten Schwertlilien gelangen, die im dezenten Halbschatten der Magnolie stehen. Den Winter über lässt die Magnolie den Lilien die volle Sonneneinstrahlung zukommen und wird auf diese Weise dazu beitragen, dass im Frühjahr die Blüten hervorsprießen. Selbstverständlich könnten wir auch beschließen, diesen Schwertlilien, die uns derart ans Herz gewachsen sind, oberste Priorität einzuräumen, und den Gedanken, in ihrer Nähe einen Baum zu pflanzen, komplett ad acta legen. Indem wir so ihre natürliche Neigung zu vollem Sonnenlicht beherzigen, würden wir ihnen ermöglichen, dass sich weiterhin völlig ungehindert in üppiger Fülle aprikosenfarbene Blüten entfalten können.

Wenn es einen Konflikt zwischen unserer Vision für den Garten – etwa in Bezug auf seine Lage, Größe oder Gestaltgebung – und den dort bereits existierenden Pflanzen und Tieren gibt, haben wir die Möglichkeit, unsere Übung in Achtsamkeit und die persönliche Vision zu kombinieren, um eine kreative Lösung zu finden: Durch diese wird einerseits dasjenige bewahrt, was uns lieb und teuer ist, während sie zugleich die Integrität unseres gestalterischen Entwurfs gewährleistet. Gehen Freude und Weisheit Hand in Hand, wird nicht nur unser Garten aufblühen und gedeihen können, sondern auch unser Herz.

*Meine Vision bringe ich,*
*mich locker an sie haltend,*
Mit dem Einatmen dehnen wir unsere Lunge und entspannen uns. Indem wir Atem holen, werden Geist und Körper weicher und flexibler. An unseren wohldurchdachten Plänen halten wir nun nicht mehr so strikt fest. Freude und Weisheit sollten, wenn es um die Entfaltung unseres Gartens geht, gleichberechtigte Partner sein. Das lassen wir jetzt zu.

*liebevoll mit der Erde*
*meines Gartens in Berührung.*
Mit dem Ausatmen begegnet unsere Vision dem fruchtbaren Erdreich.

*Durch die Begegnung
meiner Imagination mit dem Leben*

Mit dem Einatmen sind Form und Funktion wechselseitig aufeinander bezogen.

*erhält die Saat meiner schöpferischen Kraft Leben spendende Feuchtigkeit.*

Mit dem Ausatmen ergibt sich aus dem Sichtbaren und dem Unsichtbaren ein zuvor nicht vorhandenes Webmuster. Und wo wir stehen, schlägt neues Leben Wurzeln.

# Die anmutige Linie der Klarheit

*Die Weisheit
meines Herzens bewirkt,
dass Klarheit sich von allein in
das Erdreich meines Gartens aussät.
Im Strom der Anmut
erblüht das Dasein
einer neuen Welt.*

Eine Linie der Klarheit beginnt sich für uns abzuzeichnen, während wir die Weisheit unseres Herzens auf der dünnen, wahrhaftigen Erdschicht ruhen lassen, die unseren Planeten bedeckt. Wir brauchen Zeit und Gleichmut, dann wird diese Linie der Einsicht auf natürliche Weise zutage treten. Da brauchen wir nichts zu forcieren. Indem wir offen und ehrlich auf das hören, was unser Garten und unsere Vision uns mitzuteilen haben, indem wir es beachten und darauf eingehen, treten wir in den Strom der Anmut ein. Vertieft in solche Anmut, bleibt unser Herz, während das Dasein einer neuen Welt heranblüht, ruhig und friedvoll. Geerdet in unserer Praxis des nicht anhaftenden Beobachtens und Mithelfens lassen wir – einer Hebamme gleich – heranwachsen, was so nie zuvor existiert hat. Schritt für Schritt kehrt in unseren Garten Leben ein. Entfaltet sich die Anmut der Natur, dann erblüht in ihm die Vielfalt der Erscheinungsformen. Und in der Gestalt, die er dabei annimmt, ist unser Herz ebenso mit enthalten wie unser Verstand. Der Garten blüht zu seiner vollsten Ausdrucksform heran – einer Ausdrucksform, die oft so viel mehr enthält, als wir uns jemals hätten vorstellen können. Und wir sind seine Geburtshelfer.

*Die Weisheit
meines Herzens bewirkt,*

Mit dem Einatmen sind unsere Schritte und Bewegungen von Frieden erfüllt. Denn unser Garten, das wissen wir, ist aus aufmerksamem Hinhören, tief greifender Un-

terscheidung und klug eingesetzter Vor-
stellungskraft hervorgegangen.

dass Klarheit sich von allein in
das Erdreich meines Gartens aussät.

Die natürliche Beschaffenheit unseres
Fleckchens Land und unsere Vision lassen im Heiligtum unseres Gartens ein
Webmuster der Schönheit heranwachsen. Mit dem Ausatmen sprechen wir
darauf ganz natürlich und unverstellt an
und lassen zu, dass die Klarheit der Natur
Wurzeln schlägt.

Im Strom der Anmut

Mit dem Einatmen erkennen wir, welches
umfassende schöpferische Potenzial darin liegt, mit dem Leben zu *seinen* Bedingungen zusammenzuwirken. Das ist
gleichbedeutend mit dem Eintreten in den
Strom der Anmut.

erblüht das Dasein
einer neuen Welt.

Mit dem Ausatmen wissen wir, dass
unser Atem der Atem des Lebens selbst
ist. Und das reine Potenzial unserer Vision erblüht zum Dasein.

# Verwicklung und Verwirrung riskieren

**4**

Form und Nichtform haben ihre Fäden
gesponnen. Ihr Miteinander inspiriert
mich zu den Schritten, die ich unternehme.
Das Netz ihrer Weisheit trägt mich, während
ich mich wagemutig auf die Verwicklungen
und die Verwirrung in meinem Garten
und in mir einlasse.

Ein ganz besonders dynamischer Moment bei der Erschaffung unseres Gartenheiligtums ist jener Punkt, an dem wir dieses Fleckchen Land betreten und bereit sind, uns der physischen Realität der zum Leben erweckten Vision zu stellen. Die wärmenden Sonnenstrahlen auf unserem Rücken erfüllen uns mit der Zuversicht, dass die Sonne unsere Gefährtin sein wird, während wir auf der dünnen Erdschicht, die unseren Planeten bedeckt, unsere bescheidenen Schritte unternehmen.

Nachdem wir es für die Dauer mehrerer Wachstumsperioden versäumt haben, des Unkrauts Herr zu werden und ihm Einhalt zu gebieten, haben wir es anfangs vielfach mit einem wahren Gewirr von Wildpflanzen zu tun. Unkraut zu jäten ist eine Achtsamkeitsmeditation, die Geduld und Liebe erfordert. Nun haben wir die Aufgabe übernommen, dem Wildwuchs Vorgaben zu machen und ihm Grenzen zu setzen. Indem wir das Risiko eingehen, uns in das Unkrautgewirr unseres Gartens zu verstricken, betreten wir zugleich das Terrain unserer Innenwelt. Dort warten, widergespiegelt in dem Gewirr, das wir im Garten vorfinden, die verknoteten Gedanken und Gefühle unseres Geistes auf uns. All jene Geschichten, die wir uns immer wieder selbst erzählen: Ein für uns selbst wie auch für andere Leid heraufbeschwörender Vorgang.

Wenn wir gut achtgeben, wie wir mit dem Unkraut in unserem Garten verfahren, wird uns das womöglich einen ersten Eindruck davon vermitteln, wie wir mit der emotionalen Landschaft tief in unserem Innern umgehen. Sind wir frustriert und wütend, während wir unser Unkraut herausrupfen? Üben wir im inneren Dialog Kritik an uns selbst? Rückt er uns vielleicht in ein schlechtes, uns entstellendes Licht? Betrachten wir das Unkraut, das wir herauszupfen, und die Gedanken, mit denen wir uns tragen, als unsere Feinde? Oder dienen sie uns als Hinweis, dass wir uns dem Garten wie auch uns selbst voller Mitgefühl zuwenden sollten? An uns ist es zuzulassen, dass der äußere Garten uns zu tiefen Einsichten in die Innenwelt unseres emotionalen Ichs verhilft. Und indem unser Garten sich lichtet, erhält zugleich unser Geist Gelegenheit, die ihm innewohnende Klarheit zurückzugewinnen.

Klarheit zu gewinnen bedeutet, jener Wirrnis, die zugleich in unserem Garten wie auch in uns selbst vorhanden ist, mit Freundlichkeit zu begegnen. Bei rauem Umgang mit den widerborstigen Dornen der Distel können wir davon ausgehen, dass diese uns ihrerseits stechen und kratzen werden. Indem sie mitsamt dem ganzen Stachel zurückschnellen, können ihre äußerst scharfen Spitzen ohne Weiteres unsere Handschuhe durchdringen.

Lernen wir hingegen, in unserem Garten mit den Dornen zu arbeiten – den inneren wie den äußeren –, so verstehen wir uns schließlich darauf, mit ihnen zu hantieren, ohne uns dabei zu verletzen. Schenken wir den Dornen der Distel unsere volle Aufmerksamkeit, dann werden wir bemerken, dass sie eine Richtung haben und auf den Verästelungen und Verzweigungen der Pflanze naturgemäß auf eine bestimmte Art wachsen. Indem wir die Disteln fest, aber vorsichtig ganz unten am Ansatz knapp überm Boden anpacken, können wir sie mit einem gekonnten Handgriff behutsam aus dem Erdreich unseres Gartens herausholen.

Wenn wir die Distel als etwas nicht von uns selbst Getrenntes betrachten, steht sie symbolisch für diejenigen Aspekte unserer Innenwelt, bei denen es ebenfalls ansteht, dass wir uns um sie kümmern. Indem wir uns unseren schwierigen Emotionen und Gefühlen in der

Weise zuwenden, wie wir es mit dem Unkraut tun, gewinnen wir Einsicht in sie und lernen, sie besser zu verstehen. Wir erfahren, worin sie ihren Ursprung haben, worauf sie sich richten und welche Bedürfnisse ihnen eigentlich zugrunde liegen. Lernen wir, wie wir die Dornen in unserem Garten handhaben können, so lernen wir, wie wir unsere schwierigeren Emotionen – zum Beispiel Wut, Gier und Eifersucht – akzeptieren und ihre Ursachen, die so lange Wurzeln in uns geschlagen haben, beseitigen können.

*Form und Nichtform*
*haben ihre Fäden gesponnen.*
Mit dem Einatmen trifft unsere Vision auf die physische Realität der bereits vorhandenen Landschaft.

*Ihr Miteinander inspiriert mich zu*
*den Schritten, die ich unternehme.*
Wir atmen aus in dem Vertrauen, auf authentische Weise in den schöpferischen Prozess eingetreten zu sein. Denn bei den Entscheidungen, die wir treffen, und bei der Richtung, in die unser Garten sich entfaltet, lassen wir uns von unserer Einsicht leiten.

*Das Netz ihrer Weisheit trägt mich,*
Mit dem Einatmen gibt das Netzwerk des Lebens uns Halt. In unserem Garten schaffen wir Platz für neues Leben, indem wir das Gewirr jenes Unkrauts beseitigen, das uns nicht länger dienlich ist.

*während ich mich wagemutig*
*auf die Verwicklungen und die*
*Verwirrung in meinem Garten*
*und in mir einlasse.*
Mit dem Ausatmen schaffen wir Raum: in unserem Garten und in uns selbst.

## Mit dem Jäten beginnen

*Des Unkrauts in meinem*
*Garten gewahr,*
*setze ich dort an, wo ich bin.*
*Indem das Unkraut sich lichtet,*
*löst sich die Wirrnis*
*in meinem Geist.*

Gleich bei den ersten Handgriffen in unserem Garten sehen wir uns vielfach mit dem Unkraut konfrontiert, das hartnäckig einen Großteil des Grundstücks in Beschlag genommen und so gut wie keinen Raum mehr gelassen hat, in dem sich unsere Vision in all ihrer Schönheit entfalten könnte. Angesichts der Aufgabe, sowohl das Unkraut in der äußeren Welt wie auch das innere Chaos zu überwinden, können wir zunächst das Gefühl haben, auf verlorenem Posten zu stehen. Das verlangt von uns, mit der für den Anfängergeist kennzeichnenden Offenheit und Beherztheit dort anzusetzen, wo wir gerade sind. Die Anmut unseres Gartens führt uns dann ein Spiegelbild unserer Innenwelt vor Augen, das sich immer weiter gehend entfaltet. Das Unkraut zu lichten – mit den Knien auf dem Boden und den Fingern an den Dornen – verschafft uns Raum zum Atmen und Wachsen.

Betreten wir den Garten mit einer angemessenen Einstellung, so ist dieser keineswegs ein Ort, an den wir uns begeben, um zu bewundern, welch ein geschickter Gärtner wir sind. Vielmehr wollen wir dort lernen, wie wir achtsam sein und unser Leid in wunderschöne Blüten transformieren können. Indem wir mit der Schaufel, der Pflanzkelle und der Hacke unseren Garten lichten, verhelfen wir uns selbst zu Licht und Klarheit. Von jeder Blume, jedem Baum, jedem Stein und jedem Unkraut erlernen wir die Offenheit des Anfängergeistes.

*Des Unkrauts in meinem*
*Garten gewahr,*
Mit dem Einatmen begegnen wir unserem Unkraut, ohne zu be- oder verurteilen.

*setze ich dort an, wo ich bin.*
Mit dem Ausatmen sind wir frisch und ausgeruht.

*Indem das Unkraut sich lichtet,*
Mit dem Einatmen fühlen wir uns bestärkt durch die erfrischende Offenheit unserer Gartenerde und die Weite, die entsteht, sobald unser Unkraut nicht mehr vorhanden ist.

*löst sich die Wirrnis*
*in meinem Geist.*
Mit dem Ausatmen erfreuen wir uns an der Frische und Offenheit unseres geistigen Feldes.

# Bescheidenheit bahnt den Weg

*Die Augen weit geöffnet,*
*sehe ich, wie sich die Wirrnis*
*meines Geistes in der Natur*
*widerspiegelt.*
*In aller Bescheidenheit*
*mache ich den Weg frei.*

Im Umgang mit der Wirrnis unseres Gartens können wir auf ein ganz besonders wertvolles Hilfsmittel zurückgreifen: auf die Achtsamkeitspraxis der Bescheidenheit. Ungeachtet unseres Selbstschutzinstinkts macht Bescheidenheit uns verletzlich; sie macht uns weicher. Hantieren wir mit hartnäckigem Unkraut, ist es von Vorteil, wenn wir weich sind. Wer an einem der vermeintlichen Eindringlinge gar zu fest zieht und zerrt, wird dessen grünen Trieb in Bodenhöhe abbrechen. Auf diese Weise bleiben die Wurzeln im Boden stecken. Kaum sind wir fort, werden sie von Neuem austreiben. Mit Bescheidenheit und Weichheit lernen wir, wie wir mit der derben oder feinen Beschaffenheit unserer Unkrautgefähr-

ten umgehen sollten. So treten wir in eine Beziehung zu unserem Garten, zu unserem Unkraut und zu uns selbst ein. Uns jenen Dingen im Garten zuzuwenden, die wir abstoßend finden, bedeutet: Wir wenden uns denjenigen Verwicklungen in uns selbst zu, die wir allzu gerne verleugnen und ignorieren. Nun aber schauen wir aufmerksam hin, um zu sehen, ob das Wurzelwerk sich weiter ausbreitet oder weit in die Tiefe reicht. Das Unkraut in unserem Garten zeigt uns, wo wir feststecken und woran wir in unserem Leben zu sehr festhalten. Indem wir die Wirrnis im eigenen Geist, die sich

in unserem Garten widerspiegelt, tatsächlich wahrzunehmen beginnen, wird unser Zugriff auf das Unkraut weise und mitfühlend. In aller Bescheidenheit begeben wir uns ans Werk, den Weg frei zu machen.

### Die Augen weit geöffnet,
Richtiges Gärtnern erfordert Mut. Mit dem Einatmen beschließen wir, den Garten mit offenen Augen zu betreten. Wir begeben uns hinein in die Wirrnis, bei der es sich nicht nur um unseren Garten handelt, sondern zugleich um uns selbst.

### sehe ich, wie sich die Wirrnis meines Geistes in der Natur widerspiegelt.
Indem wir ausatmen und uns darüber klar werden, dass es innen so ist wie außen, wenden wir uns der Wirrnis unseres Gartens zu – fest entschlossen, uns selbst tiefer gehend zu verstehen.

### In aller Bescheidenheit
Mit dem Einatmen lassen wir zu, dass die Bescheidenheit uns bei unserer Gartenarbeit zu Offenheit, Verletzlichkeit und Aufrichtigkeit inspiriert.

### mache ich den Weg frei.
Mit dem Ausatmen geben wir unseren Widerstand auf.

# Die Weisheit des Unkrauts

Das Unkraut ist ein wichtiger Verbündeter.
Ich höre genau hin, welche Wahrheit es mir mitzuteilen hat.
Mit Einsicht und Mitgefühl akzeptiere ich seine Weisheit als meine eigene.

Unkraut ist weise. Auch unter widrigsten Bedingungen versteht es zu überleben. Selbst ohne Wasser nimmt es hartnäckig so viel Raum ein, wie man ihm lässt. Wenn wir seinen Appetit auf Nährstoffe und Land nicht einschränken, wird es unseren gesamten Garten für sich in Anspruch nehmen. Unkraut kann wie ein Eindringling anmuten, der unseren gut durchdachten Plänen und unserer Vision einen Strich durch die Rechnung macht. Andererseits können seine hartnäckige Präsenz und unser Umgang mit ihm uns in Hinblick auf die aggressiveren Emotionen unserer inneren Landschaft zu zahlreichen Einsichten verhelfen. Samen der Wut, der Gier und des Hasses setzen sich so in der Struktur unseres Bewusstseins fest wie die Samen von Disteln, Sauerklee und Löwenzahn im Erdreich unseres Gartens.

Sofern wir uns nicht um die inneren Samen kümmern, vermögen sie sich durch unsere Gedanken, Worte und Handlungen exponentiell zu vermehren. Unser Unkraut bewirkt, dass wir leiden. Und falls es uns an Achtsamkeit mangelt, kann der Wind unter Umständen die inneren Samen weithin verteilen. Daraufhin wird unser Unkraut, in Form von Leid und Verletzung, auch im Garten anderer Menschen wachsen. Je mehr wir über unser Unkraut wissen – je mehr wir es

verstehen, aus dem, was es uns zu sagen hat, unsere Lehren zu ziehen –, umso besser sind wir darauf vorbereitet, uns um unseren Garten und um uns selbst zu kümmern.

Unkraut führt uns vor Augen, welchen Stellen im Garten wir keine Beachtung geschenkt, an welchen Stellen wir nicht die Erde umgegraben und uns um das Leben im Garten gekümmert haben. Wenn wir mit solchen Emotionen wie der Wut zu kämpfen haben, können wir dem, was unsere Unkrautfreunde uns zuflüstern oder uns mit ihren Dornen mitteilen, entnehmen, dass es einen Ort in uns gibt, um den wir uns nicht aufmerksam und liebevoll gekümmert haben. Verborgen unter unserer Wut liegen in vielen Fällen Kummer oder Trauer. Nahezu auf die gleiche Art und Weise, wie wir das Gewirr des Unkrauts in unserem Garten mit festem, aber vorsichtigem Griff anpacken, können wir uns der Wut zuwenden: Wir können ernsthaft mit ihr in Berührung kommen, sie begreifen und so schließlich erkennen, worin sie in Wahrheit besteht. Indem wir den uns innewohnenden Samen von Einsicht und Mitgefühl sorgsam bewässern, verringert sich unsere Wut. Auf diese Weise wird in unserem inneren Garten die immer schon vorhandene, jederzeit gegenwärtige Ganzheit wiederhergestellt.

### Das Unkraut ist ein wichtiger Verbündeter.

Mit dem Einatmen erkennen wir, dass wir über das Unkraut Zugang zu einem in die Tiefe gehenden Verständnis und zu Mitgefühl erhalten.

### Ich höre genau hin, welche Wahrheit es mir mitzuteilen hat.

Mit dem Ausatmen lassen wir zu, dass unser Unkraut die uns innewohnenden Samen der Einsicht mit Wasser versorgt.

### Mit Einsicht und Mitgefühl

Mit dem Einatmen lassen wir unser Mitgefühl wachsen, wo auch immer wir uns gerade befinden mögen.

### akzeptiere ich seine Weisheit als meine eigene.

Mit dem Ausatmen versetzen wir uns in die Sprache unseres Unkrauts hinein. So erhält die Weisheit des Unkrauts ihren Platz und kann in unserem Dasein einen lebendigen Ausdruck finden.

# Worum es beim Zurückschneiden geht

Wenn ich zurückschneide, entferne ich das Alte. An seiner Stelle wächst und gedeiht neues Leben.

Eine Pflanze zurückzuschneiden kann wie eine kaum zu bewältigende Herausforderung anmuten, zumal, wenn wir vor einer Kletterrose »Cécile Brunner« stehen. Mit zunehmendem Alter werden ihre Dornen immer dicker. Ihre Triebe wölben sich mit unbändiger Kraft über den 2,50 m hohen Zaun des Nachbarn und wuchern auf sein Garagendach hinauf. Wir können uns aussuchen, ob wir in der Rose ein ernstliches Hindernis sehen wollen, das es zu bändigen gilt, oder eine großartige Gelegenheit, richtig Raum zu schaffen – im Garten und in uns selbst. Gar nicht zu reden von der Gelegenheit, mit unserem Nachbarn, der lange genug hingenommen hat, dass unsere störrische Rose in seinen Garten hineingeklettert ist, endlich Frieden zu schließen.

Unsere Beklommenheit angesichts der dornigen Cécile-Brunner-Rose wird längst nicht mehr so groß sein, sofern wir begreifen, warum wir sie eigentlich zurückschneiden: Nur an neuen Trieben bringt der Rosenstrauch Blüten hervor. Erst wenn uns das klar wird, macht das Zurückschneiden wirklich Sinn. Von dem Wunsch beseelt, die Rose möge uns durch reiche Blütenpracht erfreuen, rücken wir den übermäßig stark gewordenen Zweigen bereitwillig zu Leibe und scheuen uns keineswegs, sie drastisch bis ins kräftige alte Holz zurückzuschneiden. Damit wir uns aber bei der Arbeit nicht komplett verheddern, vollziehen wir jede Bewegung und Beugung des Körpers langsam und mit Bedacht, je nachdem, wo die Dornen und unliebsamen Triebe der Rose sitzen und in welche Richtung sie weisen. Indem wir die Rose beherzt bis in das stämmige alte Holz zurückzuschneiden, erhält sie die Chan-ce, im nächsten Frühjahr wieder prachtvoll zu erblühen. So lohnt uns die Natur unsere Mühen, denen wir uns voller Achtsamkeit unterzogen haben.

Der Rückschnitt beinhaltet einen Prozess, in dem wir das Alte beseitigen, damit das Neue über genügend Raum verfügt, somit wachsen und zur Blüte gelangen kann. Dazu benötigen wir Mut. Denn das Alte und Bekannte lassen wir zugunsten des Neuen und Unbekannten los. Einmal mehr kann der Garten uns als wunderbares Spiegelbild unserer emotionalen Innenwelt dienen. Gibt es da gedankliche Prozesse, durch Gewohnheiten geprägte Handlungen oder Geschichten, die schlicht und einfach nicht realisierbar, gesund oder wahr sind? Bleiben wir beharrlich bei jenen alten Verhaltensformen oder Eigentümlichkeiten, die uns längst schon nicht mehr weiterbringen? Das ist *unser* altes Holz, das sich im Lauf von vielen Jahren angesammelt hat.

Indem wir die Cécile-Brunner-Rose in unserem Garten achtsam zurückschneiden, können wir zugleich die festgefahrenen alten Muster *in uns* aus dem Weg räumen und dadurch für aufkeimende neue Qualitäten wie Klarheit, inneren Frieden und Gelassenheit Raum schaffen. Das bietet solchen Qualitäten die Möglichkeit, in unserem Dasein Wurzeln zu schlagen und zu wachsen.

Unsere Geschichten – das Durcheinander, zu dem es in unserem Geist kommt, wenn wir die tatsächliche Beschaffenheit einer Situation nicht begreifen – gleichen den Dornen einer Rose. Je mehr unsere Gedanken in den vorgezeichneten Bahnen unserer alten Geschichten kreisen, desto schlimmer verheddern wir uns in ihren Ungereimtheiten, ihren Dornen. Wenn wir dies längere Zeit so tun, verfängt sich unser Pullover, der uns ja eigentlich Schutz bieten soll, mit jeder Bewegung mehr in dem alten Gehölz unserer vorgefassten Vorstellungen. Nahezu bewegungsunfähig geworden, verpassen wir dann komplett den gegenwärtigen Augenblick. Mithilfe von Achtsamkeit können wir jedoch unsere Aufmerksamkeit aus den alten Geschichten herausschneiden. Durch einen beherzt vorgenommenen, stark in unser altes Holz eingreifenden Rückschnitt können wir die alten Triebe und Dornen unserer fehlgeleiteten Wahrnehmungen und unseres Missverstehens entfernen und uns so für die unermessliche Weite der *jetzt* gegenwärtigen Wirklichkeit öffnen. Aus dem hartnäckigen Würgegriff unserer alten Geschichten befreit, können wir uns von der Neuartigkeit des gegenwärtigen Augenblicks erfüllen lassen. Was daraufhin neu in uns heranwächst, wird uns die schönen Blüten von Frieden und Klarheit bescheren.

## Wenn ich zurückschneide,

Mit dem Einatmen geloben wir, achtsam zurückzuschneiden. Denn wir begreifen, dass wir dadurch in unserem Garten wie auch in uns selbst für Frieden und Klarheit Raum schaffen.

## entferne ich das Alte.

Um neues Wachstum anzuregen, müssen wir riskieren, das Alte zu beseitigen. Für den Garten gilt dies ebenso wie für uns selbst. Mit dem Ausatmen beschließen wir, das Alte beherzt zu beseitigen.

## An seiner Stelle

Indem wir – im Garten wie auch in uns selbst – bis ins alte Holz zurückschneiden, schaffen wir Platz für neues Leben, neues Wachstum und neue Blüten. Mit dem Einatmen erfreuen wir uns jenes Prozesses, in dessen Verlauf wir achtsam Platz schaffen für das Neue.

## wächst und gedeiht neues Leben.

An jener Stelle, die einst von dem alten Gehölz unserer Rosen und unserer fehlerhaften Wahrnehmungen in Anspruch genommen wurde, gedeihen nun die Qualitäten von Klarheit, Ruhe und Frieden. Mit dem Ausatmen sind wir dankbar für unsere mutige Entschlossenheit, dem Loslassen des Alten ins Auge zu sehen, um dadurch zu ermöglichen, dass im Heiligtum unseres Gartens und unserer

Seele frisches Wachstum hervorkommen und zu neuer Blüte gelangen kann.

## Frieden – mein Wegweiser

*Indem ich meinen Garten lichte,*
*löst sich das Gewirr meines Geistes.*
*Frieden und Freude*
*sind meine Wegweiser.*
*Ich befinde mich*
*auf dem richtigen Weg.*

Zu lernen, unsere innere und äußere Wirrnis zu akzeptieren, ist eine mühselige Aufgabe. Der Raum, den wir so frei machen, ermöglicht es jedoch, dass unsere Weisheit und unsere Einsicht zu dem wundervollen Lotos des inneren Friedens und der inneren Freude erblühen. Lichtet sich bei uns das Unkraut, so lichtet sich unser Geist. Nun ist uns wohler zumute. Frieden und Freude sind unsere Wegweiser. An ihnen können wir ablesen, dass wir uns auf dem richtigen Weg befinden.

*Indem ich meinen Garten lichte,*
Mit dem Einatmen lässt die offene Einfachheit unseres Fleckchens Erde den Geist zur Ruhe kommen.

*löst sich das Gewirr meines Geistes.*
Mit dem Ausatmen wird die Wirrnis unseres Geistes in die Luft unseres Gartens hinaus entlassen. Wir entspannen uns. Garten und Gärtner verweilen in Ruhe und Frieden: Der eine ist in den anderen mit einbezogen.

*Frieden und Freude*
*sind meine Wegweiser.*
Mit dem Einatmen stehen wir in Einklang mit der Natur. Die uns innewohnenden Samen von Frieden und Freude werden mit Leben spendendem Wasser versorgt.

*Ich befinde mich*
*auf dem richtigen Weg.*
Mit dem Ausatmen erkennen wir die uns innewohnende Weisheit des Friedens und der Freude an. Frieden und Freude leiten uns dazu an, die Vision unseres Gartens mit Leben zu erfüllen.

# Das Herz des Gartens

## 5

Indem ich die dünne Erdschicht, die
unseren Planeten bedeckt,
mit all meinen Sinnen berühre,
lerne ich das Herz meines Gartens kennen
und gelobe, es zu hegen und zu pflegen.

Unser hingebungsvolles Unkrautjäten hat den Boden unseres Gartens gelichtet und ihn für das Potenzial des Lebens erschlossen. Das Erdreich, auf dem wir uns betätigen, können wir jetzt sehen. Es ist das Herz unseres Gartens, denn es versorgt all seine Bewohner mit Sonnenlicht, Regenwasser, Sauerstoff und Nährstoffen, ganz so, wie das menschliche Herz den Körper mit Sauerstoff und Nährstoffen versorgt. Um verstehen zu können, wie das Herz unseres Gartens funktioniert, sollten wir unbedingt die heiklen, unablässig sich verändernden Daseinsbedingungen der Gartenerde studieren.

Wie fruchtbar das Erdreich in unserem Garten ist, hängt entscheidend von unserer Fähigkeit ab, unter die Oberfläche der Dinge zu schauen – zu erkennen, welcher Reichtum an Leben bei genauer Betrachtung hinter Tod und Verfall steht.

Die Fruchtbarkeit unserer Gartenerde hängt, mit anderen Worten, davon ab, inwieweit wir in der Lage sind, uns mit jenem eingeschrumpften, schlaff gewordenen, glibberigen Brei abzugeben, den wir als Kompost bezeichnen. In den verrottenden Schichten alten Pferdemists, der Kürbissuppe von vergangener Woche und dem angebrannten Toastbrot von gestern liegt die Nahrung für das Wachstum unseres Gartens verborgen.

Unser Komposthaufen ist der Ort, an dem Wachstum und Verfall einander hervorbringen. Bleiben beide im Gleichgewicht, hält dies unseren Garten am Leben. Das Kompostieren – die Beschäftigung mit jenem Prozess, der das Leben in seine Bestandteile auflöst, damit es in anderen Kombinationen und Konfigurationen erneut zusammenfindet – ist des Gärtners Geschenk an die Erde und das Geschenk der Erde an den Gärtner. Die wechselseitige Verbindung, die sie eingegangen sind, bereichert beide.

Indem ich die dünne Erdschicht,
die unseren Planeten bedeckt,

Mit dem Einatmen halten wir die Erde in der Hand.

mit all meinen Sinnen berühre,

Mit dem Ausatmen gelangen wir mit dem Leben unserer Erde in Berührung. Mittels der Augen, der Nase und der Hände fühlen wir uns in die Erde ein und stellen fest, wie sie beschaffen ist. Achtsam nehmen wir alles zur Kenntnis und bleiben offen für das, was wir vorfinden.

lerne ich das Herz
meines Gartens kennen,

Mit dem Einatmen lauschen wir dem Herz unseres Gartens – seiner Erde – und nehmen wahr, wie es um seine Gesundheit und um sein Wohlbefinden bestellt ist.

Mit dem Ausatmen verpflichten wir uns, mit dem Land und dem Erdreich pfleglich und fürsorglich umzugehen. Ein gedeihliches Miteinander von Garten und Gärtner bereichert beide.

# Kompost: ein geschlossener Kreislauf

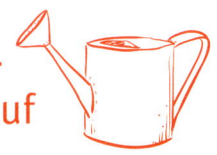

Kompost ist Ausdruck eines Kreislaufs.
Leben gebiert Tod gebiert Leben.
Eingehend betrachte ich die aufgeschichteten Haufen des Verfalls und sehe, dass in seinem Schoß Leben gedeiht.

Tief im Innern unseres Komposthaufens vollzieht sich der niemals endende Kreislauf von Leben und Tod besonders rasch. Inmitten des hier aufgehäuften Gemischs aus gröberem organischem Abfall und totem Laub, eingebettet in die reichhaltige und fruchtbare Verrottung unseres Komposts, finden wir Leben. Mikroskopisch kleine Organismen, die in der Dunkelheit auf dem Grund unseres Komposts existieren, verzehren all die Schalen und sonstigen organischen Abfälle aus unserem Garten und verwandeln sie in neues Leben.

Dort, auf der Unterseite unseres Komposts, erhalten wir Gelegenheit, ernstlich einen Blick auf die Vergänglichkeit aller Dinge zu werfen. Natur bedeutet: Vergänglichkeit tritt in Kraft. In welchen Reichtum und welche Fülle Vergänglichkeit stillschweigend mündet, weiß die Natur sehr wohl. Der Tod – die aus der Verrottung hervorgehende Fruchtbarkeit – ist die Muse der Natur: In die muffig riechenden Hohlräume der sich zersetzenden Kompostschichten lockt sie neues Leben. Von der Selbstverständlichkeit, mit der die Natur dem Tod und dem Sterben begegnet, können wir lernen. Und während wir mitverfolgen, was sich in unserem Komposthaufen abspielt, können wir allmählich den Tod einfach als Bestandteil des Lebens betrachten. Indem wir uns zu Herzen nehmen, was wir vom Kompost unseres Gartens lernen, gewinnen wir ein anderes Verhältnis zum Tod. Wir werden weich wie die reiche, aus Zersetzung organischer Materie hervorgehende, am Boden unseres Komposthaufens angesiedelte ebenholzfarbene Masse. Und »reich« werden auch wir. Wenn wir unseren Kompost mit den Augen der Achtsamkeit betrachten, verhilft uns das zu der Einsicht, dass in einem endlosen Kreislauf das Leben auf den Tod folgt. Im Licht eines solchen Verständnisses hat die Furcht vor dem Tod nicht länger eine derartige Macht über uns.

### Kompost ist Ausdruck eines Kreislaufs.

Mit dem Einatmen akzeptieren wir den Kreislauf von Leben und Tod, den unser Kompost verkörpert. Von ganzem Herzen widmen wir uns seiner Pflege. Mit dem einströmenden Atem öffnen wir uns der Vergänglichkeit aller Dinge und freunden uns mit der Tatsache an, dass der Tod natürlicher Bestandteil des Lebens ist.

### Leben gebiert Tod gebiert Leben.

Mit dem Ausatmen ist uns bewusst, dass das Leben jenen in Tod und Verfall münden den Prozess nur durchläuft, damit in neuer Verbindung abermals Leben entsteht. Da wir dies wissen, fühlen wir uns beim Umgraben der aus reifem Pferdedung hervorgegangenen Gartenerde ebenso wohl wie beim Umgraben der Erde unter jenem Schmetterlingsstrauch, den wir ganz besonders gerne mögen.

### Eingehend betrachte ich die aufgeschichteten Haufen des Verfalls

Als Gärtner des Herzens haben wir mit dem Einatmen den Mut, diese aufgeschichteten Haufen des Verfalls, die unseren Komposthaufen ausmachen, eingehend zu betrachten, um daraufhin ihren faulen Atem in uns aufzunehmen, als handele es sich um unseren eigenen. Wir können amüsiert darüber zu lachen, dass es dem Leben tatsächlich möglich ist, in dieser Brühe zu überdauern. Frohen Herzens reihen wir uns in den großen Reigen der Natur ein.

### und sehe, dass in seinem Schoß Leben gedeiht.

Da wir den Tod als den Vorboten des Lebens willkommen heißen, behält die Furcht vor dem Tod nicht länger eine derartige Macht über uns. Mit einem Seufzer der Erleichterung atmen wir aus.

# Den Humus verfeinern

*Indem ich den Humus verfeinere, würdige ich, welch reichen Nährboden er abgibt. Seine natürliche Fruchtbarkeit bringe ich dem Erdreich meines Gartens dar.*

Als Humus bezeichnen wir diejenige Substanz, die sich aus absterbendem Kompost bildet: jene reichhaltige, dunkle, ebenholzfarbene Masse aus zersetzten organischen Stoffen am Boden unseres Komposthaufens. Humus ist eine überaus komplexe Kultur, die sich selbst aufrechterhält, um neues Leben hervorzubringen. Aufgrund seiner Reichhaltigkeit verdient er unseren Respekt. Und wir sollten ihm genug Raum lassen, sodass er gedeihen kann.

Damit unser vor Hitze dampfender Komposthaufen sich in das schwarze Gold unserer Humuskultur verwandelt, müssen wir ihn erst einmal hingebungsvoll aufschichten und wenden. Bringen wir diese Kultur in unsere Gartenerde ein, wird Letztere nachhaltig verändert. Die spezifische Beschaffenheit und Fruchtbarkeit des Humus versetzen das Erdreich in die Lage, in höherem Maß Nährstoffe aufnehmen und Wasser besser speichern zu können. Er verhilft unserer Gartenerde zu einem ausgewogenen pH-Wert von ungefähr 6,0 bis 6,8, einem perfekten Säuregrad für gutes Pflanzenwachstum. Ferner steigert der Humus die Fähigkeit unserer Gartenerde, giftige Schwermetalle zu absorbieren, sie außer Gefecht zu setzen und somit unsere Pflanzen vor ihren Schadwirkungen zu bewahren. Und sind keine frei verfügbaren Schwermetalle vorhanden, können die natürlichen Mikroorganismen und die gesunde Bodenökologie unserer Gartenerde wieder voll zum Tragen kommen und ihre Leben erhaltende Wirkung entfalten.

### Indem ich den Humus verfeinere,

Während wir in aller Bescheidenheit einatmen, vollziehen wir die Umwandlung unseres Komposts, des Sammelplatzes von Tod und Verfall, in Humus – in jenes ebenholzfarbene Gold, das seine naturgegebene Mitgift ist.

### würdige ich, welch reichen Nährboden er abgibt.

Mit dem Ausatmen würdigen und ehren wir die ungeheuer reichhaltige und komplexe Kultur unseres Humus, indem wir anerkennen, welche Weisheit in seinem dunklen Schoß verborgen liegt.

### Seine natürliche Fruchtbarkeit

Da Humus sich aus veränderlichen Bestandteilen zusammensetzt, wohnt ihm eine wilde Fruchtbarkeit inne. Mit dem Einatmen bieten wir seine unbändige Fruchtbarkeit der allzu kraftlos gewordenen Gartenerde dar.

### bringe ich dem Erdreich meines Gartens dar.

Mit dem Ausatmen ermöglichen wir es der Humuskultur, sich über unser Fleckchen Erde zu verbreiten. Seine urwüchsige Lebenskraft strahlt in unsere Pflanzen, in unseren Leib und in unser Leben aus.

# Von bitterarm bis stinkreich

*Eingebettet in meinen Kompost liegt ein Schatz verborgen. Von unermesslich großem Wert ist er für meinen Garten wie schwarzes Gold.*

So wenig Platz unser Kompost auch einnimmt (im Höchstfall rate ich zu einer Größenordnung von etwa einem Kubikmeter), hinsichtlich seines Reichtums an Nährstoffen, ihrer Speicherung und der Regulierung des Wasserhaushalts ist er ein wahres Kraftpaket. Dabei zeichnet sich jeder Komposthaufen durch eine ganz eigene, nur für ihn charakteristische Beschaffenheit, durch eine »Persönlichkeit« aus. Sie ergibt sich aus all jenen Bestandteilen, aus denen er sich zusammensetzt. Von verrotteten Eierschalen flüstert er uns etwas zu, von Fallobst, von Fichtennadeln und von alten, im Lauf der Zeit vergilbten Liebesbriefen. Solche Zutaten durchdringen einander, als seien sie in eine Marinade eingelegt worden, lassen unzählige Beziehungen entstehen, die so zuvor noch nie da gewesen sind, und verleihen den in einen flüssigen Zustand übergegangenen Bestandteilen jedes Komposthaufens eine ganz eigene Magie.

Um den jeweiligen Reifegrad und die Kraft unseres Komposts, aber auch die Erfordernisse unseres Gartens erkennen zu können, müssen wir achtsam sein. Den Reifepunkt hat unser Kompost erreicht, wenn er kühl genug ist, um zuzulassen, dass allerlei Kriechtiere wie zum Beispiel Kompostwürmer, Asseln und Tausendfüßler seine fruchtbaren braunen Hügel besiedeln. Nun können wir Gebrauch von ihm machen. Der Geruch des Komposthaufens verändert sich ebenfalls: vom Fäulnisgeruch der Zersetzung hin zu einem Duft, der an den waldigen Wohlgeruch frischer Erde erinnert. Jedes Jahr können wir, sobald unser Kompost abgekühlt und reif ist, unsere Gartenerde mit circa fünf Zentimetern seiner Fruchtbarkeit anreichern.

Die Gartenerde am Reichtum unseres Komposts teilhaben zu lassen wirkt sich nicht nur auf die Fruchtbarkeit unseres Gartens positiv aus. Zugleich werden auch wir durch den Kompost verwandelt. Voller Achtsamkeit den unermesslich großen Reichtum der Erde unter unseren Füßen anzuerkennen – jener Erde, zu deren Erschaffung wir unseren Beitrag geleistet haben – kann uns helfen, Mangelempfindungen in Empfindungen von Dankbarkeit zu transformieren. Wenn wir uns dabei ertappen, wie wir uns Sorgen

machen, materiell oder emotional könnten wir vielleicht an irgendetwas Mangel
leiden, dann können wir uns in dem
Wissen, unermesslich reich zu sein, mit
einem Lächeln auf dem Gesicht dem tief-
gründigen ebenholzfarbenen Reichtum
unserer Gartenerde zuwenden. Denn in
der Erde gleich unter unseren Füßen manifestiert sich das unermesslich große
Potenzial des Lebens.

Einst unbebautes Brachland ist so für die
Entwicklung von Flora und Fauna – von
jeglichem Leben – zu einer erstklassigen
Lage geworden, einem regelrechten
»Filet-Grundstück«. Einst bitterarm, jetzt
stinkreich, verfügt unser Garten nun über
das reine Potenzial, das Leben selbst auf-
rechtzuerhalten. Die reife Fülle, die Hand
in Hand mit der Einkehr des Todes in
unseren Garten einhergeht, sobald wir
unseren Kompost auf die »leere Lein-

wand«, den offenen Raum des Erdreichs
aufgebracht haben, lockt alles Leben in
seinen Schoß. Mit dem Humus auf unserer Handfläche und unter der Sohle unserer Gartenstiefel verfügen wir über all
den Reichtum, den ein Gärtner nur haben
kann.

### Eingebettet in meinen Kompost
Bei eingehender Betrachtung unseres
Komposthaufens erkennen wir, welch ein
Nährstoffreichtum, der mit der Flora und
Fauna unseres Gartens geteilt werden
will, hier zur Verfügung steht. Mit dem
Einatmen akzeptieren wir freudig, was
der Kompost uns bietet.

### liegt ein Schatz verborgen.
Mit dem Ausatmen bringen wir unsere
Dankbarkeit dafür zum Ausdruck, den ver-
borgenen Schatz, den unermesslich

großen Reichtum, entdeckt zu haben – jenen vielschichtigen Reichtum, hervorgegangen aus unerforschten Beziehungen, durch deren Zusammenwirken erst der ebenholzschwarze Humus unseres Gartens zustande kommt.

### Von unermesslich großem Wert

Mit dem Einatmen bringen wir den Reichtum unseres Komposts dem Gefüge unseres Gartenbodens dar. Direkt vor unseren Augen geht von der scheinbaren Leere des Todes das ungetrübte Potenzial des Lebens aus und ermöglicht so, dass unser Garten gedeiht. In aller Bescheidenheit bringen wir also mit dem Einatmen den Reichtum unseres Komposts als Opfergabe in die Struktur unseres Gartenbodens ein. Die Leere des Todes, die das schiere Potenzial des Lebens in sich birgt, wird in unserer Opfergabe, einmal auf den Erdboden aufgebracht, zu einem Juwel von unschätzbarem Wert.

ist er für meinen Garten wie schwarzes Gold.

Vom Kompost genährt vermag unsere Gartenerde nunmehr den Regen, den Sonnenschein und die Nährstoffe in die Lebensformen von Rosen, Äpfeln oder Rhabarber umzuwandeln. Wir atmen aus in dem Bewusstsein, dass Garten und Gärtner unermesslich reich sind.

# Die Samen
# aussäen

Unter mir liegt die Erde
wie eine noch für alles offene Leinwand.
In sie säe ich
die Samen meiner Achtsamkeit.

☙ Die Erde unseres Gartens gleicht einer Leinwand, auf der wir das Leben in all seiner bunten Vielfalt ausgestalten. Entscheidend ist dabei keineswegs, was wir malen, wie am Schluss das Resultat aussieht. Weit mehr kommt es auf unsere Herzensqualität und ebenso auf unsere Präsenz an, während wir malen. Genau wie für die Kultivierung unserer wahren Natur benötigen wir auch Achtsamkeit für die Bepflanzung eines Gartens. Die Gartenarbeit, darin gleicht sie der spirituellen Übung, ist ihrem innersten Wesen nach Ausdruck einer Aktivität, die uns zu unserem Ursprung zurückführt.

Wenn wir im Garten arbeiten, haben wir Teil an einem uralten Ritual: Unsere Aufmerksamkeit schenken wir dem, was wächst, im buchstäblichen und im übertragenen Sinn. Aus den Samen, die wir heute säen, geht die Frucht hervor, die wir morgen ernten werden. *Wir* entscheiden, ob wir Glück oder Leid, Zufriedenheit oder Begehren, Wut oder Liebe säen. Das Umgraben, das Herauszupfen, das Gießen, das Unkrautjäten, das Pflanzen und das Düngen unseres Gartens, all das verschafft uns, sofern es mit Achtsamkeit ausgeführt wird, eine Gelegenheit, diejenigen Samen zu pflanzen und mit Wachstum fördernder Feuchtigkeit zu versorgen, die in unserem Leben und in unserem Garten gedeihen sollen. Rezitieren wir, während wir uns der Gartenarbeit wid-

men, eine Gatha und sind Körper und Geist dabei eins, dann hat die Schwingung unserer Rede* wirkliche Kraft – die Kraft der Transformation. Durch achtsames Gärtnern werden Körper und Geist verwandelt. Wir blühen auf. Und zugleich entfalten die Blumen unseres Gartens die Schönheit ihrer Blütenpracht.

### Unter mir liegt die Erde

Der Erde unter unseren Füßen gewahr, kommen wir mit dem Quell allen Lebens in Berührung. Mit dem Einatmen versorgen wir den in uns vorhandenen Samen von Liebe, Mitgefühl und Freude mit Leben spendendem Wasser. Wir freuen uns, lebendig zu sein und auf der Erde zu wandeln.

### wie eine noch für alles offene Leinwand.

Unser Land und unser Bewusstsein sind ein weit offenes Feld in Erwartung unseres schöpferischen Ausdrucks. Mit dem Ausatmen lassen wir zu, dass die Natur sich entfaltet.

### In sie säe ich

Als Gärtner sind wir zugleich Künstler. Dank der Qualität unserer Aufmerksamkeit und ihrer klaren Ausrichtung wird die

---

* »Rede« im Sinn von »Körper, Rede und Geist«, den drei grundlegenden Ausdrucksebenen des menschlichen Daseins. (Anm. d. Übers.)

Schönheit unseres Herzens ins Erdreich unseres Gartens ausgesät. Auf die Herzensqualität kommt es an, nicht darauf, ob wir den Mais in einer schnurgeraden Reihe anpflanzen können. Mit dem Einatmen verkörpern wir die unermessliche Weite des Himmels. Mit Achtsamkeit säen wir unsere Samen in die Erde und in unser Bewusstsein.

### die Samen meiner Achtsamkeit.

Präsenz ist unsere kostbarste Gabe an das Leben. Mit dem Ausatmen gewinnen wir Präsenz. Und während wir uns der Gartenarbeit widmen, versorgen wir die Samen unserer Achtsamkeitsübung mit Wasser. Tief im gegenwärtigen Augenblick verwurzelt, lassen wir, ohne anzuhaften, die Weisheit der Natur sich entfalten.

# Die Erde umgraben

Ich vertraue mich meinem Garten an. Mein Garten vertraut sich mir an. Indem ich ihn voller Ehrerbietung umgrabe, richte ich folgende Worte an ihn:
»Liebe Erde, um deinetwillen bin ich hier.«

Garten und Gärtner wachsen zusammen. Das ähnelt der Verbindung, die eine rote Kletterrose mit einer leuchtend violetten Clematis eingeht, wenn sie sich an derselben Gartenlaube emporrankt. Wir haben Zeit damit verbracht, unser Fleckchen Land kennenzulernen, haben ein Stück Anbaufläche freigelegt und sind nun so weit, die Samen unserer Achtsamkeit in die Erde einbringen zu können. Beim Anpflanzen sind wir mit Körper und Geist bei der Sache. Wir sind präsent.

Die am Himmel sich abzeichnenden Wolkenformationen, die Windströmungen, die für unsere Umwelt spezifische Charakteristik, ihre Veränderungen und Bewegungen, all dies lebt in uns. Hand in Hand mit der Weisheit des Landes schmiedet unsere Einsicht das Metall unseres Spatens und prägt das Fleisch unserer Hände. Indem wir unseren Spaten achtsam in die Erde setzen und sie umgraben, können wir sagen: »Liebe Erde, um deinetwillen bin ich hier – wirklich hier.« Mit diesen Worten zollen wir dem Planeten Erde Respekt. Und wir zeigen uns erkenntlich für alles, was er zum Erhalt unseres Lebens beiträgt. Während wir den glatt geschliffenen Handgriff unseres Spatens in den Händen halten, geben wir die Energie unseres Körpers und unsere Lebenskraft ans Erdreich weiter. Dem Land bieten wir, indem wir es zum Himmel hin öffnen, die Möglichkeit,

Atem holen zu können. Indem wir unsere Gedanken, Worte und Handlungen auf die Natur ausrichten, beginnen wir, liebevoll die Samen unserer Achtsamkeit zu pflanzen.

Ich vertraue mich meinem Garten an. Verbringen wir Zeit im Garten, lernen wir seine Abläufe und seine Wahrheit kennen – aus welcher Richtung und wie stark der Wind zur betreffenden Jahreszeit weht, wie sich das Spiel von Licht und Schatten verändert und welch ein Natu-

rell das Erdreich selbst an den Tag legt, je nachdem, welche Bewohner es duldet und welche es abweist. Mit dem Einatmen vertrauen wir uns der Weisheit der Natur an und lassen zu, dass sie auf unsere Handlungen maßgeblich Einfluss nimmt.

Mein Garten vertraut sich mir an. Unter unseren Füßen liegend vertraut sich die Erde unserer Fürsorge an. Durch das Jäten des Unkrauts haben wir achtsam Platz geschaffen. Mit unserem Kom-

post haben wir die Qualität des Erdreichs im Innersten kultiviert. Und nun graben wir in der Erde, damit sie die Samen unserer neuesten Gartenbepflanzung in sich aufnehmen kann. Mit dem Ausatmen öffnen wir achtsam die Erde unseres Gartens. Dabei würdigen und ehren wir das Land und all seine Bewohner.

*Indem ich ihn voller Ehrerbietung umgrabe, richte ich folgende Worte an ihn:*

Erde, Luft, Wasser und Feuer – diese Fäden, durch die wir in das Webmuster des Lebens einbezogen sind, verbinden uns mit dem Regenwurm, der Libelle, dem Mäusebussard und der Ringelnatter. Mit dem Einatmen geloben wir, voller Ehrerbietung die Erde behutsam umzugraben, sorgsam auf den Erhalt jeglichen Lebens, das sich in ihrem Schoß regt, bedacht.

*»Liebe Erde, um deinetwillen bin ich hier.«*

Mit diesen Worten schenken wir der Erde unsere volle Präsenz. Indem wir sie mitfühlend freilegen und ihr dabei unseren kostbarsten Besitz schenken, unsere Präsenz, bringen wir wahre Liebe zum Ausdruck. Im Erdreich des achtsamen Gewahrseins bestehen zwischen Garten und Gärtner wechselseitige Verbindungen. Und beide gedeihen. Mit dem Ausatmen sind wir für die Erde präsent.

# Freude trinken

*Indem ich achtsam atme, tauche ich den Becher meines Gewahrseins in den Quell des Hier und Jetzt. Ich trinke von der Freude des gegenwärtigen Augenblicks.*

Achten wir, während wir etwas einpflanzen, auf den Atem, so schärfen wir dadurch all unsere Sinne. Wenn wir auf das Zirpen der Zikaden hören, uns auf das Potenzial der Samen besinnen, die wir – in all ihren feinen Farbabstufungen – in den Händen halten, und unsere Finger in die reichhaltige, stark mineralische Textur der Gartenerde drücken, lernen wir die reale Beschaffenheit jener physischen Welt, die uns umgibt, kennen. Und dieses innige Wissen kann uns Freude bereiten.

Glück und Leid sind für uns eng mit der Gesundheit und dem Gedeihen unseres Gartens und der Welt verbunden. Wissen wir um diesen Zusammenhang, nehmen wir stärker wahr, welch großes Potenzial für die Erfahrung von Freude überall um uns herum stets vorhanden ist.

Bewusstes Atmen hilft uns, immer wieder in den gegenwärtigen Augenblick einzutreten. Im Einklang mit dem Atemrhythmus Samen in die Erde zu setzen führt uns ins Hier und Jetzt – dorthin, wo sich das Leben abspielt. Indem wir auf dem Boden des gegenwärtigen Augenblicks unseren Platz finden, pflanzen wir die Samen von Freude, Frieden und Einsicht in uns ein und versorgen sie mit Feuchtigkeit. Unsere Freude und unser Glück üben einen nährenden Effekt auf unseren Garten, uns selbst und unsere Welt aus. Unsere Freude fördert die eigene Praxis der Achtsamkeit und vertieft unsere Verbindung zu allem Leben.

*Indem ich achtsam atme,*
Mit dem Einatmen empfinde ich Freude am gegenwärtigen Augenblick. Rings um mich herum spielt sich überall das Leben ab.

*tauche ich den Becher meines Gewahrseins*
Mit dem Ausatmen habe ich mit all meinen Sinnen lebhaft Anteil am Wunder der Erde. Ich weiß: Jeder Samen birgt das ganze Universum in sich.

*in den Quell des Hier und Jetzt.*
Der in jedem Samen angelegten Möglichkeiten bewusst, lasse ich beim Einatmen zu, dass mein Trinkbecher sich mit dem Hier und Jetzt füllt.

*Ich trinke von der Freude des gegenwärtigen Augenblicks.*
Mit dem Ausatmen säe ich einen Samen, vertraue darauf, dass die Erde ihr Werk verrichtet, und gehe sogleich zum nächsten Samen über. Nicht nötig, an einem von ihnen anzuhaften oder sich Sorgen um ihn zu machen.

# Mitgefühl kultivieren

*Güte ist meine wahre Natur.*
*Wenn ich meine wechselseitige*
*Verbundenheit*
*mit allen Menschen, Tieren,*
*Pflanzen und Mineralien anerkenne,*
*kultiviere ich Mitgefühl.*

Mitgefühl ist etwas ganz Natürliches, erfordert allerdings Beherztheit. Geweckt wird unser Mitgefühl, sobald wir zulassen, dass wir unserer Welt, unserem Garten und uns selbst gegenüber weichherzig werden. Blicken wir mit den Augen des Herzens auf unsere Welt, können wir sehen, wie alles Leben wechselseitig miteinander verbunden ist. Bei eingehender Betrachtung einer Erdbeere aus unserem Garten können wir erkennen, dass sie aus diversen Nichterdbeerelementen besteht – dem Himmel, der Sonne, den Wolken, dem Regen, der Erde und den Mineralien. All diese Elemente sind für die Entwicklung einer Erdbeere unverzichtbar. Ohne sie gibt es keine Erdbeere.

Ihr süßes Fruchtfleisch liefert unserem Körper Energie und wird so zu einem Teil von uns. Die Nährstoffe der Erdbeere versetzen uns so in die Lage zu denken, zu sprechen und zu handeln. In uns existiert die Erdbeere also weiter fort. Und da unsere Gedanken, Worte und Handlungen das Leben vieler anderer Menschen, Tiere, Pflanzen und Mineralien betreffen und entsprechende Auswirkungen haben, lebt der nahrhafte, vor Leben sprühende rote Saft der Erdbeere in all diesen Elementen ebenfalls weiter fort. Unser menschlicher Leib ist mit dem Leib der Erde und demjenigen aller anderen Wesen in umfassender Weise verbunden. Ebenso wie unser Körper besteht auch all das Schöne, das uns umgibt, aus den Mineralien der Erde. Der Regen wird zu unseren Flüssen, zu unserem Tee, zu unserem Blut. Die Sonne setzt in den Blättern der Bäume die Fotosynthese in Gang. Erst so können sie wachsen. Und den Körper versorgt sie mit Vitamin D, das uns hilft, Calcium zu absorbieren. Der Himmel versorgt die Wälder mit Kohlendioxid. Und wir atmen den Sauerstoff ein, den die Bäume zur Verfügung stellen. Mineralien, Wasser, Sonne und Luft bilden das Fleisch, die Muskeln und die Knochen unseres Körpers. Je mehr wir uns dieses Lebens, an dem wir alle miteinander teilhaben, bewusst sind, umso mehr Mitgefühlssamen können sich in uns entwickeln und die Güte – unsere wahre Natur – zum Tragen bringen.

### Güte ist meine wahre Natur.

Wenn wir uns für die Wahrheit unserer wechselseitigen Verbundenheit, unseres *Interseins* mit allen Menschen, Tieren, Pflanzen und Mineralien öffnen und sie uns zu eigen machen, erwächst aus der Tiefe unseres Seins ein Mitgefühl, das uns erheben lässt. Dem Leben als eine Ausweitung unserer eigenen Person zugewandt, werden mit dem Einatmen unsere Gedanken, Worte und Handlungen durch die Güte unserer wahren Natur inspiriert.

### Wenn ich meine wechselseitige Verbundenheit

Sobald wir mutig genug sind, die Rüstung unseres Selbstschutzes und unserer Selbsterhaltung abzulegen, lernen wir, unsere Welt mit den Augen des Herzens zu sehen. Auf diese Weise tritt unser Intersein mit allem Leben offen zutage. Ebenso wie die Erdbeere sich aus Nichterdbeerelementen zusammensetzt, bestehen auch wir aus Nichtmenschelementen – Luft, Feuer, Erde und Wasser. Jegliches Leben besteht aus denselben Elementen, die es zu *einem* Ganzen zusammenfügt. Mit dem ausströmenden Atem einhergehend erkennen wir unser Einssein mit allem Leben an.

mit allen Menschen, Tieren, Pflanzen und Mineralien anerkenne,
Sämtliche Elemente in unserem Garten stehen in einer Wechselbeziehung zur Sonne, zum Regen, zu den Regenwürmern und dem Schweiß der ersten Gärtner, von denen wir gelernt haben, wie man die Gartenarbeit verrichtet. Mineralien zu Knochen, Wasser zu Blut, Himmel zu Atem. Mit dem Einatmen nehmen wir dies alles mit der frischen Atemluft auf, die wir in uns einströmen lassen. Zugleich ehren und würdigen wir damit die Quelle und den Kreislauf dieses einen Lebens, das wir alle miteinander führen. Indem wir unser Einssein anerkennen, verschaffen wir dem Samen des Mitgefühls in unserem Bewusstsein Wachstum förderndes Wasser.

kultiviere ich Mitgefühl.
Wenn wir wirklich sehen, wie unmittelbar unser Leben von der Sonne, dem Erdreich und dem Regenwurm – von allem Leben – abhängt, wird in uns Mitgefühl kultiviert. Wir haben so die natürliche Neigung, dem uns umgebenden und uns

innewohnenden Leben unsere Fürsorglichkeit und Aufmerksamkeit zu schenken, es nach Kräften zu hegen und zu pflegen. Solch ein Verständnis befähigt uns zu erkennen, dass wir alle an einem gemeinsamen Geschick teilhaben. Mit dem Ausatmen säen wir den Samen unseres Mitgefühls und unserer Güte in den Boden unseres Gartens.

## Wenn Samen sich nicht entwickeln

Selbst wenn ich achtsam bin, gedeiht mein Garten manchmal nicht. Mit freiem Atem, freiem Geist und freien Händen kultiviere ich Mitgefühl.

Gartenarbeit gleicht einer großen Entdeckungsreise, einem großen Abenteuer. Mögen wir dabei auch noch so sorgsam und umsichtig vorgehen, unweigerlich wird der eine oder andere Aspekt derjenigen Idealvorstellung oder Vision, die wir für unser Fleckchen Erde ins Auge gefasst haben, letztlich nicht unseren Wünschen entsprechen. Aber unsere Fehlschläge verraten oft mehr über uns, als es ein Erfolg jemals könnte. Angesichts der zuckersüßen Lobhudeleien, die wir im Fahrwasser des Erfolgs gemeinhin zu hören bekommen, fällt es dem Ich, listig wie es ist, sehr leicht, sich in das Gewand des Gleichmuts zu kleiden. Wer wir in Wahrheit sind, zeigt sich hingegen erst in dem Moment voll und ganz, wenn wir auf die Herausforderungen reagieren, vor die wir uns gestellt sehen.

Hindernisse und Herausforderungen bei der Gartenarbeit tragen dazu bei, dass wir bescheiden bleiben. So sind sie ein gutes Heilmittel, das uns zu mehr Wahrhaftigkeit verhilft. Wenn wir uns den Herausforderungen in gebührender Weise stellen, können sie uns umgehend wieder zur Besinnung bringen. Lernprozesse – zumal solche, bei denen wir aus Widrigkeiten lernen – bewahren uns die Lebendigkeit, sorgen dafür, dass wir uns weiterentwickeln, und tragen dazu bei, dass wir natürlich bleiben.

Wenn die Roten Beten, die wir im Garten gepflanzt haben, keine Wurzeln schlagen, lernen wir etwas über die Beten und über uns. Wie wir auf die Herausforderungen reagieren, vor die der Garten uns stellt, daraus können wir etwas über uns selbst entnehmen. Begegnen wir dem, was wir als Fehlschlag betrachten, mit Feindseligkeit? Oder gehen wir mitfühlend auf die Situation ein und bitten um mehr Einsicht, Urteilsvermögen und Geduld in der Frage, warum unsere Beten nicht recht gediehen sind? Sind wir in der Lage, etwas Abstand zu gewinnen? Können wir mit den Augen der Gelassenheit sehen? Vermögen wir schlicht und einfach das zur Kenntnis zu nehmen, was *ist*, ohne gleich etwas daran auszusetzen zu haben oder mit dem Finger auf jemanden zu zeigen, mag es sich auch um uns selbst handeln?

Wenn wir die Dinge eher sachte angehen und den Atem auf die Beobachtungen abstimmen, die wir hinsichtlich des Lebens in unserem Garten – oder eines Mangels daran – machen, wird für uns ein klein wenig Distanz erfahrbar. So lässt uns die Situation ein bisschen Raum zum Luftholen. In dem Raum, der sich bei diesem Atemholen auftut, befreit sich der Geist. Unser Ich hat uns dann nicht mehr derart fest im Griff.

Wie wir auf eine Situation reagieren, zu dieser Einsicht gelangen wir an dem Punkt, das ist wichtiger als die Situation selbst. Und die Art unserer Reaktion hängt von der eigenen Entscheidung ab. In jedweder Situation sind unsere Reaktion und dasjenige, worauf wir unsere Aufmerksamkeit richten, das Einzige, was wir unter Kontrolle haben. Einfach nur in dem zu ruhen, was ist, ohne es als gut oder schlecht einzustufen, öffnet uns für das gesamte Spektrum der Möglichkeiten.

Alles, was unser Garten uns über die Bodenbeschaffenheit, den Wasserhaushalt, die Sonneneinstrahlung und die Pflanzen verrät, kann unser Geist so in sich aufnehmen. Auf diese Weise lernen Garten und Gärtner einander gründlicher kennen.

### Selbst wenn ich achtsam bin,

Mit dem Einatmen sind wir unserer Intention bewusst, der Gartenarbeit die volle Aufmerksamkeit zu schenken und nicht an den Früchten unserer Bemühungen zu haften. Während wir atmen, erklären wir von ganzem Herzen unsere Bereitschaft dazu.

### gedeiht mein Garten manchmal nicht.

Fehlschläge betrachten wir als Möglichkeit, uns selbst und unseren Garten gründlicher zu verstehen. Mit dem Ausatmen befreien wir uns von jeglicher Versuchung, Schuldzuweisungen vorzunehmen beziehungsweise etwas zu bemäkeln.

### Mit freiem Atem, freiem Geist und freien Händen

Mit vollen Atemzügen, freien Händen und offenem Geist atmen wir die Unvorhersehbarkeit des Lebens ein. Mit dem Ausatmen bleiben wir offen, flexibel und locker.

### kultiviere ich Mitgefühl.

Aus der weichen Gartenerde unserer Offenheit und Flexibilität erwächst die Saat der Gelassenheit. Mit dem Ausatmen teilen wir unseren Gleichmut mit der Erde und mit all ihren Bewohnern.

# Die Weisheit des Wassers

In deiner uralten Weisheit,
Wasser, lehre mich
Flexibilität, Ausdauer und Vergänglichkeit,
auf dass ich wissen möge, worin wahre
Kraft besteht.

# Das Wasser,
# unser Lehrer

☙ Das Wasser, das wir heute trinken, hat zuvor bereits den Durst unzähliger anderer Münder gestillt. Über Jahrmillionen ist das Wasser vom Himmel ins Meer und wieder zurück gewandert – aus der Wolke zum Regen, zum Bach, zum Brunnen, zur Pflanze und zum Körper, in die Luft und anschließend erneut in die Wolke. Fast zu 60 Prozent besteht unser physischer Leib aus Wasser. Jede Zelle unseres Körpers ist auf das Vorhandensein von Wasser angewiesen. Nur sofern sie ausreichend mit diesem versorgt wird, kann sie überleben. Bei der Aussage, dass wir mit dem Regen, dem Schnee und dem Nebel verbunden sind, handelt es sich schon um eine Untertreibung.

Wenn wir beobachten, wie sich das Wasser seinen Weg durch unsere Gartenerde bahnt und wohin es dabei fließt, bringt uns das zu einer für uns selbst grundlegenden Wahrheit zurück. Mühelos verwandelt Wasser sich aus dem festen Aggregatzustand des Eiswürfels, der unser Getränk kühlt, in das eigentliche Trinkwasser oder in den Dampf, der aus dem Tee in unserer Teeschale aufsteigt. Seiner Natur nach ist es durch Fluidität und durch unaufhörliche Veränderung gekennzeichnet. Indem wir uns aufmerk-

sam anschauen, wie flexibel das Wasser auf den Wandel eingeht und ihm keinerlei Widerstand entgegensetzt, können wir lernen, flexibler und spontaner dem Daseinsstrom zu folgen.

Wasser verändert jedoch nicht nur die eigene Form; zugleich verfügt es vielmehr über die Fähigkeit, das Land umzugestalten. Gletscher und Felsen haben im Lauf der Jahrtausende tiefe Schluchten ins Antlitz der Erde gegraben und den Bergen ihr heutiges Aussehen verliehen. Zentimeter für Zentimeter, Millimeter für Millimeter führt uns das Wasser vor Augen, welch eine Kraft der Flexibilität, der Ausdauer und der Vergänglichkeit innewohnt.

Die gleichen Merkmale von Formbarkeit, Beharrungsvermögen und Vergänglichkeit können wir auch anhand der unablässig gegen die Felsvorsprünge entlang der Küsten tosenden Wellen beobachten. Ganz allmählich tragen sie die scharfen Felskanten Stück für Stück ab und bewirken, dass die Felsen im Lauf der Zeit vollständig ihre Form verlieren. Da unser Körper wie gesagt zu einem großen Teil aus Wasser besteht, können wir zur stetigen Kraft und zum Rhythmus des Wassers in starke Resonanz treten. Wir können lernen, uns die Ausdauer des Wassers innerlich zunutze zu machen, indem wir unsere Aufmerksamkeit und unsere Lebenskraft achtsam auf unsere positiven Zielsetzungen und Visionen für den Garten, für das eigene Leben und für die Welt konzentrieren.

Entdecken wir ausgerechnet an derjenigen Stelle, an der wir gern unsere Azalee gepflanzt hätten, die Wurzel eines benachbarten Baumes, können wir die Flexibilität des Wassers verkörpern: Einfach mit dem Strom schwimmend lassen wir zu, dass uns ein Alternativstandort in den Sinn kommt, anstatt hartnäckig an unserem Plan festzuhalten. Die Ausdauer des Wassers ist bei uns zu sehen, wenn wir uns, während wir das Unkraut aus dem Garten entfernen, unablässig der Übung in Achtsamkeit widmen.

Zugleich lädt die lebendige Kraft des Wassers uns dazu ein, die Vergänglichkeit des Daseins anzuerkennen. Angesichts der Zerstörung ganzer Dörfer, die einem unersättlichen Tsunami im Weg stehen, erleben wir, wie das Wasser zum Ausdruck bringt, dass es keinerlei Angst vor Veränderung kennt. So verschwindet womöglich von einem Moment auf den anderen unter den mit Macht heranrasenden haushohen Wellen ein Leben, das uns sehr viel bedeutet hat.

Sobald unser Herz mit solch einer Katastrophe und dem Verlust, den sie über uns gebracht hat, fertiggeworden ist, können wir den Blick auf die ungezügelte Bewegung des Wassers richten und diese als eine Einladung ansehen, loszulassen und in einen Neuanfang einzuwilligen. Wenn wir uns dicht an diejenigen drängen, die gemeinsam mit uns den Sturm überlebt haben, hilft uns die Kraft des Wassers zu erkennen, welchen Dingen im Leben wir besonderen Wert beimessen – den Beziehungen, dem Kontakt, der Gemeinschaft. Während wir uns noch anschicken, unser Leben neu zu ordnen, haben wir uns bereits gewandelt: Angesichts all dessen, was uns durch das Wüten des Wassers entrissen wurde, sind wir uns nun unseres Interseins mit allen Menschen, Tieren und Pflanzen wie auch der Vergänglichkeit jeglichen Lebens viel klarer bewusst. Die Einsicht, wie leicht verletzlich und hinfällig alles Leben ist, stärkt unser Mitgefühl. Vom Wasser lernen wir, mit der Wahrheit der eigenen Vergänglichkeit auf Du und Du zu stehen.

Vom Wasser als Lehrer erlernen wir Flexibilität, Ausdauer und die Wahrheit der eigenen Vergänglichkeit. Durch die Verkörperung dieser Eigenschaften lernen wir, unser Leben mit wirklicher Kraft zu führen, und halten so in uns die bis in längst vergangene Zeiten zurückreichende Weisheit des Wassers lebendig.

## In deiner uralten Weisheit,

Mit dem Einatmen erweisen wir der altehrwürdigen Weisheit des Wassers unseren Respekt: angesichts der langen Reisen, die es zurückgelegt hat, der in ihm verkörperten Wahrheit, ferner der Art und Weise, wie es uns Flexibilität, Ausdauer und Vergänglichkeit lehrt.

### Wasser, lehre mich
Achtsam schenken wir, während wir den Garten gießen, der Weisheit des Wassers unsere Aufmerksamkeit. Mit dem Ausatmen machen wir uns frei von dem, woran wir haften, schauen uns an, mit welcher Geschicklichkeit sich das Wasser durch das Erdreich unseres Gartens bewegt.

### Flexibilität, Ausdauer und Vergänglichkeit,
Mit dem Einatmen trinken wir, während wir die Pflanzen in unserem Garten gießen, die im Wasser zum Ausdruck kommende Flexibilität, Ausdauer und Vergänglichkeit. Wasser ist weise. Durch unser achtsames Gärtnern verkörpern wir seine Weisheit.

### auf dass ich wissen möge, worin wahre Kraft besteht.
Die Eigenschaften des Wassers lehren uns, darauf zu vertrauen und unsere Freude daran zu haben, dass das Leben sich stetig voller Anmut entfaltet. Mit dem Ausatmen wissen wir um die Freiheit, in und aus unserer wahren Kraft zu leben. Denn wir entdecken, dass auch wir, ebenso wie unser Garten, die immer weiter sich entwickelnde schöpferische Entfaltung des Lebens sind.

# Hand und Hacke

Glaube nicht, dass du vor Durst
sterben wirst, liebe Gartenerde.
Ich bringe dir den Himmel
und das Meer.
Mit meinen Händen
trage ich sie zu dir,
und gemeinsam werden wir trinken.

Das Bewässern bietet uns eine Gelegenheit, an Präsenz zu gewinnen. Sind wir uns der verschmolzenen Wassertropfen bewusst, die sich in einem bogenförmigen Schwall auf die Haut der Erde ergießen und dort von deren Poren aufgenommen werden, bringt uns das zur Leichtigkeit und Sanftheit des Lebens zurück. Schauen wir genau hin, dann erhaschen wir vielleicht für einen winzigen Moment einen Blick auf den Regenbogen, der direkt vor unseren Augen, einem dynamisch-flüssigen Hologramm gleich, auf der fluiden Form des Wassers tanzt.

Aktiv zu beobachten, wie wir von Hand die Pflanzen gießen, übt auf den Geist eine beruhigende Wirkung aus. Den Wassertropfen auf ihrem Weg zum Erdreich unseres Gartens zuzuschauen entschleunigt uns und bringt uns auf die nährende Oberfläche der Erde zurück. Wenigstens einmal pro Woche den Garten von Hand zu gießen tut nicht nur der Erde gut, sondern auch der Seele. Von Hand zu gießen erdet uns. Da die Erde unser Zuhause ist, kann uns das wöchentliche Ritual, die Erde von Hand zu gießen, in tief greifender Weise Wohlbefinden bescheren.

Das Wasser und der Gärtner, Bundesgenossen beim Auflockern des Erdreichs und seiner Versorgung mit Nährstoffen, haben in ihrem Bestreben, den Planeten Erde und dessen Boden zu pflegen, einen weiteren Verbündeten: ein schlichtes Werkzeug namens »Hacke«. Mit vereinten Kräften stellen Hacke und Wasserschlauch sicher, dass wir bei unseren Bewässerungsmaßnahmen die für die Wasseraufnahme so wichtige Lockerheit des Bodens wahren. Die Wasserversorgung von Hand und die Auflockerung des Erdreichs mit der Hacke gewährleisten das Leben in unserer Gartenerde und zugleich ihre Fähigkeit, von dem Wasser, das wir ihr anbieten, ausgiebig zu trinken.

### Glaube nicht, dass du vor Durst sterben wirst, liebe Gartenerde.

Mit dem Einatmen treten wir gänzlich in eine Beziehung zu unserer Gartenerde ein – in eine Beziehung, die in Liebe und Mitgefühl für alle Wesen wurzelt.

### Ich bringe dir den Himmel und das Meer.

Mit dem Ausatmen erkennen wir unsere Verbindung zu allem Leben an. Wir erkennen an, dass uns das Wasser, das wir dem Gartenboden zuführen, als Geschenk des Himmels und des Meeres zuteilwurde. Unsere Gabe an das Erdreich zeugt von Demut und Weisheit.

### Mit meinen Händen trage ich sie zu dir,

Indem wir das Wasser von Hand zu unserer Gartenerde tragen, bringen wir zum Ausdruck, dass wir uns für das Wohlergehen der Erde einsetzen und bereit sind, uns von ganzem Herzen auf die Beziehung zu unserem Garten einzulassen. Weil wir mit dieser Intention von Hand gießen, überträgt das so dargebotene Wasser die Signatur unseres Herzens auf das Land. Bei diesem Atemzug verschmilzt das Herz des Gartens mit dem Herzen des Gärtners.

### und gemeinsam werden wir trinken.

In solidarischer Gemeinsamkeit trinken Garten und Gärtner das Leben spendende Wasser des Himmels und des Ozeans. Mit dem Ausatmen wird unser Durst gestillt.

# Vom Wasser weise Gebrauch machen

Lass mich aufmerksam der
Sprache lauschen,
in der sich die Bewegung des
Wassers ausdrückt.
Möge sie meiner Übung
Inspiration bringen,
auf dass ich das Wasser
weise nutze.

Wie lernen wir, den Garten weise zu bewässern? Wir lernen von denjenigen, die schon vor uns da waren, die so manche Dürre und so manche Überschwemmung durchgestanden haben. Wir lesen Bücher über unsere Pflanzen und deren Feuchtigkeitsbedarf und machen uns, so gut wir können, mit der Beschaffenheit unserer Gartenerde vertraut. Kommt es dann jedoch darauf an zu lernen, die Gartenerde just in dem Maß zu bewässern, dass die Bewohner unseres Gartens gedeihen, ohne zu ertrinken, müssen wir uns die nötige Zeit nehmen, mit dem Wasser selbst innig vertraut zu werden – mit seiner Bewegung, seiner Fließgeschwindigkeit, der Richtung, in die es fließt –, zumal in dem Moment, in dem es mit unserer Gartenerde in Beziehung und in Interaktion tritt. Wir können uns noch so viel Bücherwissen aneignen, unser bester Lehrmeister wird stets der Garten sein, insbesondere das Erdreich, in all seiner sonderbaren Wildheit.

Um die Beschaffenheit unserer Gartenerde zu verstehen ist es hilfreich, aufmerksam zu beobachten, wie sich das Wasser über all die Fruchtbarkeit verheißenden kleinen braunen Bodenöffnungen hinweg und in sie hinein bewegt. Ist es schnell unterwegs? Oder langsam? Schlängelt und windet es sich eine Zeit lang, bevor es versickert? Oder gleitet es rasch ins Erdreich wie eine verängstigte Ringelnatter, die sich von neugierigen Menschen bedrängt fühlt? Um das Vorhandensein oder Nichtvorhandensein von Wasser beschreiben zu können, erlernen wir den Gebrauch solcher Worte wie: Dürre, Staub, welken, tröpfeln, Wolkenbruch, Regen, Frost, Schnee, nieseln, Dunst, Nebel, Zellwandspannung, schlaff, erschlaffend, durchgeweicht, nass, Niederschlag, Aufnahme, Verdunstung und Kondensation.

Wir schauen neugierig der Bewegung des Wassers zu, da wir eine Bewässerungspraxis anstreben, die uns in die Lage versetzt, einen Mittelweg zwischen übermäßigem und zu knapp bemessenem Gießen zu finden. Alan Chadwick, ein weiser Gärtner und Autor, rät uns, anhand der folgenden Maxime zu klären, wie unsere Gartenerde beschaffen ist und wie viel Wasser sie aufzunehmen vermag: »Gießen Sie so, dass die Erde wieder austrocknen kann.«*

Weise Worte! Wie sie sich bezogen auf unseren Garten in die Tat umsetzen lassen, können wir nur dadurch in Erfahrung bringen, dass wir zu unserer Gartenerde in eine ganz innige Beziehung treten. Während wir das Erdreich stets im Blick behalten, besteht für uns, wenn wir vom Wasser weisen Gebrauch machen wollen, die eigentliche Aufgabe darin, dem Wasser zu lauschen und immer wieder seine Bewegung auf dem Weg in die Gartenerde zu beobachten. Das Gießen ist eine Übung in Achtsamkeit. Der stets achtsame Zeuge unseres Gießens zu sein versetzt uns in die Lage, auf den Zustand der Gartenerde und auf die jeweiligen Witterungsbedingungen ebenso flexibel und spontan reagieren zu können, wie wir es beim Wasser beobachten. Durch achtsames Gießen gewährleisten wir die Fähigkeit unseres Gartens, sich unter den ständig im Wandel begriffenen Bedingungen der Natur gedeihlich zu entwickeln, indem er sich auf diese Bedingungen einstellt.

_____

* Zitiert in: Wendy Johnson, *Gardening at the Dragon's Gate: At Work in the Wild and Cultivated World*, New York 2008, S. 169.

### Lass mich aufmerksam der Sprache lauschen,

Während wir tief einatmen, geloben wir, uns auf die Weisheit unseres Gartens zu stützen, indem wir ihm unsere volle Aufmerksamkeit schenken. Aufmerksam lauschen wir dem Fließen des Wassers, achten auf die Windrichtung und auf den Einfallwinkel der Sonnenstrahlen. So lernen wir die Lebensbedingungen unseres Fleckchens Erde und seiner Bewohner kennen. Dieses Wissen beziehen wir mit ein, wenn wir uns der Achtsamkeitsübung des Gießens widmen.

### in der sich die Bewegung des Wassers ausdrückt.

Mit dem Ausatmen atmen wir den Hauch des Windes. In aller Bescheidenheit sprechen wir die Sprache des Wassers, so gut wir können, während wir uns achtsam um eine sanfte Regulierung seiner natürlichen Fließbewegung bemühen.

### Möge sie meiner Übung Inspiration bringen,

Mit dem Einatmen lassen wir uns beim Gießen von der Weisheit der Natur so inspirieren, dass es zu einer Übung in Achtsamkeit wird. Wir beobachten die unablässig sich wandelnden Bedingungen für unsere Gartenerde, von knochentrocken bis hin zu pitschnass, und praktizieren Anfängergeist – bleiben offen und empfänglich für die Erfordernisse der Erde. Wir lauschen aufmerksam und lassen zu, dass unsere Beobachtungen zur Richtschnur für unsere Praxis werden.

auf dass ich das Wasser weise nutze. Beweglich und flüssig wie das Wasser selbst folgt unsere Achtsamkeitspraxis dem Fluss des natürlich dahinströmenden Wassers, das wendig und mit traumwandlerischer Sicherheit auf jede Senke und jedes Gefälle eingeht. Mit dem Ausatmen bieten wir der Gartenerde dieses Leben spendende Element mit Weisheit dar. Mit anderen Worten, wir bewässern sie so, dass sie anschließend wieder austrocknen kann. Durch achtsames Üben bewahren wir uns die fließende Qualität und die Anmut der Natur.

# Im Regen singen

~~~~~~~~~~~~~~~~~~~~~~~~~~~~

Lieber Garten, ich bin verliebt. Indem ich singe, während sich der Regen über uns ergießt, stimmt mein Gesang freudvoll in den des Regens ein.

~~~~~~~~~~~~~~~~~~~~~~~~~~~~

Bewegen wir uns achtsam und bleiben dabei so in Fluss wie die Natur, werden wir es gewiss lieben, den Garten zu gießen. Den Regen voller Freude ganz unmittelbar zu erleben ist eine sehr schöne Möglichkeit, Begeisterung fürs Wasser zum Ausdruck zu bringen. Indem wir inmitten all der mit deutlich vernehmbarem Plitsch und Platsch zu Boden fallenden Tropfen eines Regengusses den Weg durch den Garten zurücklegen, tauchen wir in den Singsang des Wassers ein. Singen wir währenddessen selbst, verschmilzt unsere Stimme mit derjenigen des Regengusses. Und die Klangmuster des durch die tief eingekerbte Rinde der Kiefer rinnenden Wassers sind uns dann so nahe und vertraut wie das Blut, das pulsierend durch unsere Adern strömt. Wenn wir unser Herz dem Wasser schenken, verlieben wir uns – der Regen fällt dann, um ein Stelldichein mit uns zu haben.

Immer wenn wir unsere Aufmerksamkeit und unser Herz der Natur schenken, begegnet sie uns in dem Bereich, in dem wir uns jeweils aufhalten – ganz gleich, ob wir gerade im Garten verweilen, unter der Dusche stehen, in einem Schwimmbecken schwimmen oder einen Schluck Wasser trinken. Unter der Dusche stehend können wir genüsslich mit dem Wasser unseres Gartens Zwiesprache halten, indem wir uns vorstellen, ein Baum zu sein, auf

den sachte ein Sommerregen vom Himmel herabrieselt. Wie fühlt es sich an, wenn das Wasser langsam an unseren Gliedmaßen herunterläuft? Fühlt es sich *so* an, ein Baum zu sein? Im Schwimmbecken können wir uns vorstellen, ein Lotos zu sein, der auf der ruhigen und klaren Oberfläche eines Teiches schwimmt. Indem wir spüren, wie das Wasser uns trägt, wird das Lebensgefühl eines wunderschönen Lotos für uns erfahrbar. Selbst wenn wir schlicht und einfach durch einen Strohhalm ein paar Schluck Wasser trinken, können wir unser Bewusstsein und unser Herz mit dem Wasser und mit unserem Garten verbinden. Dazu brauchen wir uns nur vorzu-

stellen, wir seien ein schillernder rotkehliger Kolibri, der Schlückchen für Schlückchen von der Oberfläche eines Kapuzinerkresseblatts Wasser nippt. Wo und wann auch immer wir uns dem Wasser gegenüber achtsam verhalten, stimmen wir in seinen Gesang mit ein.

### Lieber Garten, ich bin verliebt.

Während wir Zeit im Garten verbringen, dasselbe Wasser auf unserer Haut spüren und trinken wie er, gehen wir eine tiefgründige und aufrichtige Beziehung zur Natur ein. Mit dem Einatmen erklären wir dem Garten unsere Liebe und unsere Zuneigung.

*Indem ich singe, während sich
der Regen über uns ergießt,*

Mit dem Ausatmen bringen wir unseren Gesang dem regenverhangenen Himmel dar.

*stimmt mein Gesang freudvoll*

Hat sich unsere Stimme mit der Stimme der Natur verbunden, während Erdboden und Seele durchnässt sind, ist unser Gesang von der wilden Musik unserer wahren Natur erfüllt. Wasser zu Wasser, die menschliche Stimme zur Stimme der Natur, atmen wir beim Singen schiere Freude ein.

*in den des Regens ein.*

Während wir völlig unbekümmert ausatmen und die eigene Stimme einer der vielen Regentropfen ist, die in einer langen Parade mit Plitsch und Platsch in freiem Fall zu Boden gehen, stärken wir Herz und Seele des Gartens und des Gärtners.

# Den vorhandenen Raum miteinander teilen

8

Ein Lotos für dich,
du Gast meines Gartens.
Ein Bodhisattva zu sein,
das gelobe ich dir.

Unser Garten gehört keineswegs uns allein, selbst wenn er auf dem winzigen Grundstück hinterm Haus liegt. Allerlei Vierbeiner, Insekten und Pilze teilen ihn sich mit uns. Die Gäste in unserem Garten können uns, sofern wir die nötige Offenheit aufbringen, solche Dinge wie Ehrfurcht vor dem Leben, Nichtanhaften an den eigenen Auffassungen und Großzügigkeit lehren. Die Verpflichtung einzugehen, uns angesichts all der Zähne, Krallen und Stacheln, all des Schleims und Sabbers in Achtsamkeit zu üben, ist nicht immer ein leichtes Unterfangen. Doch unsere Aufmerksamkeit darauf zu richten und uns darin zu üben lohnt sich. Mit der so eingegangenen Verpflichtung geloben wir, uns weiterzuentwickeln.

Ich lade uns ein, mit den Augen des Verstehens und der Einsicht zu erkennen, dass all die Geschöpfe im Garten unsere Gäste sind. Genauso, wie wir im Umgang mit Freunden, die zu uns nach Hause kommen, auf unser Verhalten achten, sollten wir auch sorgsam achtgeben, wie wir unsere Gäste draußen vor der Tür behandeln. Zugegeben, manche Gäste sind uns willkommener als andere. All denen, die im Garten keine nennenswerten Schäden anrichten, können wir uns ohne Weiteres nahe fühlen und sie willkommen heißen. Schmetterlinge, Marienkäfer und nachtaktive Grillen beispielsweise gehören zu jenen Gästen, die in unserem Heiligtum keine gravierenden Spuren hinterlassen. Wenn die Erstgenannten so entzückend durch die Luft schweben oder das rhythmische Zirpen der Grillen seine beruhigende Wirkung auf uns ausübt, ruft dies angenehme Erinnerungen in uns wach. Unsere Beziehung zu ihnen hat einen freudigen und liebevollen Charakter, und so verspüren wir den natürlichen Wunsch, ihr Leben zu schützen. Sie führen uns jene Ruhe, Anmut und Sanftmut vor Augen, die wir gern in uns finden möchten. Angesichts solcher Eigenschaften fühlen wir uns wohl; und die Gegenwart derjenigen Besucher, die sie in uns wecken, bereitet uns daher Freude. Wenn sie die Schwelle unseres Gartens erreichen, heißen wir sie als Gäste an diesem uns heiligen Ort willkommen.

Andere Gäste willkommen zu heißen fällt uns nicht so leicht: angefangen bei Wühlmäusen und Wildkaninchen über die Kartoffelkäfer, Kohlweißlinge und Blattläuse bis hin zu den Schnecken – sie hinterlassen unübersehbare Spuren, ja geradezu eine Schneise der Verwüstung auf unserem Fleckchen Land. Angesichts all der welken und mit Schleim überzogenen Blätter oder der entsetzlich zugerichteten Mangoldpflanzen und Kopfsalate, die ihren Weg durch den Garten säumen, zeugt unsere erste Reaktion auf solche

Gäste vielfach von Abscheu. Nichtsdestoweniger können diese ungebetenen Besucher ganz besonders wichtige Lehrer für uns sein. Denn sie fordern uns und sorgen dafür, dass wir nicht in unserer Kuschelecke hocken bleiben.

Unsere auf den ersten Blick so unwillkommenen Gäste können Wut, Angst und Gier bei uns entfachen – Emotionen, bei denen uns ein Willkommensgruß ebenfalls schwerfällt, weil sie uns viel Unbehagen bereiten. Solche Emotionen können, sofern wir nicht achtsam und liebevoll mit ihnen umgehen, im Erdreich unserer Seele und unseres Gartens gravierende Spuren hinterlassen. Mitunter können sie Grund genug für das Ende einer Freundschaft sein, unserem Lebensunterhalt die Grundlage entziehen und Leben zerstören. Wie behandeln wir also unsere weniger wohlgelittenen äußeren und inneren Gäste? Diese Herausforderung ist erstklassiger Kompost für unsere Übung der Achtsamkeit.

Vor lauter Abscheu werden wir womöglich den Wunsch verspüren, unsere ungebetenen Gäste augenblicklich totzutrampeln. Oder vielleicht bevorzugen wir distanziertere Mittel und wollen sie mit Fallen töten, um uns auf diese Weise die eigenen Gedanken und Handlungen ein Stück weit vom Leib zu halten. Jedenfalls tun wir gut daran, tatsächlich zur Kenntnis zu nehmen, dass der Wunsch, solchen weniger attraktiven Gartengästen und Emotionen den Garaus zu bereiten, in uns vorhanden ist.

Unsere erste Reaktion kann darin bestehen, dass wir innehalten und Luft holen. Indem wir uns den unwillkommenen Gästen, den äußeren wie den inneren, mit Neugierde und Offenheit zuwenden, nehmen wir uns Zeit, etwas über diese Besucher in Erfahrung zu bringen, ihre Gewohnheiten ebenso kennenzulernen wie deren Auswirkungen auf das Leben unseres Gartens und unserer Seele.

Empfehlungen für alle möglichen Methoden zur Schneckenbeseitigung im Garten habe ich mir angehört: von der chemischen Keule bis hin zur Verwendung von Bier, das die Schnecken so betrunken machen soll, dass ihnen die berauschende Bewirtung zum tödlichen Verhängnis wird. Allerdings gibt es eine simple und völlig harmlose Alternative, das Problem mit unseren pflanzenfressenden Freunden anzugehen. Zum Schutz unserer geliebten Beete können wir diese ringsum mit Kupfer einfrieden – beispielsweise in Form von Kupferstreifen oder Kupfermünzen. Auf Schnecken wirkt Kupfer wie Kryptonit auf Superman: Sich von ihm fernzuhalten ist für sie ganz natürlich.

Eine Kombination aus Wahrnehmungsvermögen und Mitgefühl verhilft uns hier zu einer Strategie, die es ermöglicht, dass die ungebetenen Gäste am Leben bleiben, unserem Garten jedoch in Zukunft keinen Schaden mehr zuzufügen. Damit heißen wir die Samen für unsere Einsicht, unsere Weisheit und unser Mitgefühl im gleichen Erdreich willkommen, in dem sich auch unsere lästigen Gäste tummeln, seien sie nun Nager, Insekten, Pflanzenkrankheiten oder Emotionen.

Finden wir zu einem angemessenen Umgang mit unseren unwillkommenen Gästen, können wir daraus lernen, wie wir sein können, wenn es um diejenigen Gedanken, Gefühle und Gewohnheiten unserer Innenwelt geht, die uns daran hindern, ein Höchstmaß an Liebe zum Ausdruck zu bringen. Indem wir uns zum Beispiel voller Mitgefühl einer Schnecke zuwenden und ihr eine Alternativstrecke anbieten, die sie von den Blumen unseres Gartens fortführt, können wir lernen, mit unseren Gefühlen der Wut umzugehen. Ganz so, wie wir es bei den Schnecken, die uns besuchen kommen, getan haben, halten wir zunächst einmal inne, holen Luft und erkennen an, dass in der Welt unserer Emotionen Wut aufgetaucht ist. Unser Atem gibt uns Zeit und Raum. Er entschleunigt uns, bringt uns zu uns selbst zurück und hält uns davon ab, Dinge zu tun, die wir später womöglich bereuen würden. Ruhiger geworden nehmen wir nun einen zweiten und einen dritten Atemzug und richten unsere Aufmerksamkeit auf die Wut. Wir laden sie ein, näher-

zukommen, anstatt sie von uns fortzuschieben. Mit derselben Offenheit und Neugierde, die wir der Schnecke entgegengebracht haben, nehmen wir uns Zeit, mehr über unsere Wut in Erfahrung zu bringen: wahrzunehmen, wie sich die Wut im Körper anfühlt, wo sich ihr Ausgangspunkt befindet und was sie von uns fordert. Indem wir achtsam atmen, fragen wir uns: Wo im Körper lässt sie sich lokalisieren? Was versucht sie uns mitzuteilen? Im Garten umherzugehen, während unsere Schritte dem Atemrhythmus folgen, ist eine wunderbare Möglichkeit, sich auf die eigenen Emotionen einzustimmen und von ihnen zu lernen. Eine Art Gehmeditation, bei der wir uns auf diese Weise den Emotionen zuwenden, verschafft uns Zeit, sie zu erfassen und Einsichten über sie zu gewinnen. So, wie wir uns denjenigen Besuchern unseres Gartens zuwenden, die sich aus unserer Sicht danebenbenehmen, können wir auch mit schwierigeren Emotionen wie der Wut verfahren. Wir nehmen uns Zeit, die Wut kennenzulernen, und wir akzeptieren sie als einen Teil von uns. Sobald wir unsere Wut verstehen und auf sie eingehen, indem wir ihr liebevoll unsere Aufmerksamkeit schenken, verfügen wir über die Möglichkeit zu entscheiden, wie wir sie zum Ausdruck bringen. Ganz wie im Fall der Schnecke stellen wir unserer Wut eine Ausweichstrecke zur Verfügung.

Diese neue Richtung offerieren wir ihr, indem wir das Gegenteil von Wut zu kultivieren beginnen: Liebe. Unsere Wut zu verstehen – ihren Ausgangspunkt, ihre Erfordernisse und was sie von uns will – bringt uns dazu, Mitgefühl mit uns selbst zu empfinden. Eben dadurch, dass wir Mitgefühl mit uns selbst haben, legen wir einen ersten Schritt auf dem Weg zur Kultivierung des Gegenteils von Wut zurück. Um mit der Kultivierung von Liebe fortzufahren, beziehen wir dasjenige, worin wir die Ursache der Wut sehen, in unsere Vergebung und unser Mitgefühl mit ein und lassen uns dabei von unserer Einsicht leiten. Indem wir die Situation eingehend betrachten, erkennen wir, welche Wahrheit ihr innewohnt, und wir fühlen uns inspiriert, ebenso mitfühlend und verständnisvoll zu handeln, wie wir es bei der Schnecke getan haben. Wenn wir uns Methoden für den Umgang mit den vermeintlichen Eindringlingen in unseren Garten aneignen, kann uns das lehren, wie wir mit unseren schwierigeren Emotionen zurechtkommen können.

### Ein Lotos für dich,

Mit dem Einatmen betrachten wir alle Menschen, Tiere, Pflanzen und Mineralien als etwas Kostbares. Den Bewohnern unseres Gartens bringen wir, während der Atem in uns einströmt, als Zeichen unserer guten Absichten einen Lotos dar.

### du Gast meines Gartens.

Mit dem Ausatmen heißen wir all die Vierbeiner, Insekten und Krankheiten unseres Heiligtums als geschätzte Gäste willkommen. Zu lernen, wie wir unseren heiligen Raum mit ihnen teilen können, auch darauf werden sich unsere Wissbegier und unsere Sanftmut von nun an erstrecken. Das geloben wir.

### Ein Bodhisattva zu sein,

Als Bodhisattva wird im Buddhismus ein Wesen bezeichnet, das die Verpflichtung eingeht, sich aller empfindender Wesen anzunehmen und sie zur Befreiung zu führen. Das Herz eines Bodhisattva ist dasjenige eines mitfühlenden Kriegers. Ein Bodhisattva versteht es, eine schöne Blume unter dem schützenden Schwert von Weisheit und Einsicht zu halten, sorgsam darauf bedacht, ihrem unschuldigen Leben unter gar keinen Umständen einen vernichtenden Schlag zu versetzen, während er zugleich alle für das Überleben des Gartens notwendigen Maßnahmen ergreift. Mit dem Einatmen bringen wir das Beste in uns in Interaktion mit den Gästen unseres Gartens.

### das gelobe ich dir.

Mit dem Ausatmen lösen wir uns von unserer Angst, von der Neigung, Urteile abzugeben, und vom Anhaften an den eigenen Auffassungen. Das verhilft uns zu einer klareren Sicht. Wann immer wir in unserem Leben und im Garten denken, sprechen und handeln, sehen wir darin eine kostbare Gelegenheit: Jegliches Leben kann unser Verständnis und unsere Einsicht kultivieren.

## Kommt Zeit, kommt Rat

*Aufgrund von Achtsamkeit und Wissbegierde*
*entwachse ich dem Nichtwissen,*
*und der Lotos des wirklichen Verstehens*
*erblüht aufs Schönste in mir.*

Wenn wir im Garten Dinge sehen, die uns beängstigen, beunruhigen oder erzürnen, können wir innehalten, atmen und beobachten, anstatt sogleich zu reagieren. Geduldige Wissbegierde ist unsere Freundin. Wir halten inne, holen Luft und lernen, bei den gerisseneren Gästen unseres Gartens und unseres Geistes präsent zu sein.

Ist die erste freudige Erregung über das Gestalten und Bepflanzen des Gartens vorüber, kann der Eindruck entstehen, das Gärtnern sei harte Arbeit. Weiterhin in einer Beziehung zu unserem Garten und uns selbst zu stehen erfordert nun Mut und Disziplin. Sind wir indes erst einmal engagiert eine solche Beziehung eingegangen, beschert sie uns viel Freude. Ebenso wie bei jeder anderen guten Beziehung ist es auch hier notwendig, dass wir den Mut aufbringen, uns von Vorstellungen frei zu machen, die besagen, wie wir beziehungsweise unser Garten zu sein hätten. Haben wir zu guter Letzt den Mut aufgebracht, präsent zu bleiben, dann arbeiten wir daran, uns unablässig vom eigenen Standpunkt zu lösen. Unsere Disziplin trägt das ihre dazu bei.

Mit der Zeit erblüht auf diese Weise, während wir Einsicht in die Natur unseres Gartens und in die eigene Natur gewinnen, der Lotos des Verstehens in uns. »Ohne Schlamm kein Lotos«, sagt der buddhistische Mönch, Poet und Friedensaktivist Thich Nhat Hanh. Ein Lotos benötigt Schlamm, um wachsen und gedeihen zu können. Unsere ungebetenen Gäste und unwillkommenen Emotionen können wir hier durchaus mit dem Schlamm gleichsetzen. Durch unser aufrichtiges Bestreben, voller Achtsamkeit und Wissbegierde präsent zu bleiben, wird es möglich, dass der Lotos des Verstehens sich in uns aufs Schönste entfalten kann.

### Aufgrund von Achtsamkeit und Wissbegierde

Wenn wir achtsam und wissbegierig bleiben, bringt uns das in die Einzelheiten des im gegenwärtigen Augenblick lebendig pulsierenden Daseins hinein. Dies erkunden wir mit dem Einatmen. Im gegenwärtigen Augenblick lebend, lassen wir uns auf das Leben zu *seinen* Bedingungen ein, bleiben offen für das, was gerade da ist, und gehen eine aufrichtige Beziehung zu unserem Garten und zu uns selbst ein.

### entwachse ich dem Nichtwissen,

Mit dem Ausatmen gibt uns der Atem Raum, wenn wir mit einer schwierigen Emotion oder mit einem penetranten Gast unseres Gartens konfrontiert sind. Jetzt schon sagen zu wollen, was es hier zu tun gilt, wäre vielleicht verfrüht. Das wissen wir. Unser achtsames Atmen entschleunigt uns und versetzt uns in die Lage, uns in einer Situation, in der wir noch nicht so recht weiterwissen, wohler zu fühlen.

### und der Lotos des wirklichen Verstehens

Geistige Offenheit hilft uns, wissbegierig zu bleiben bezüglich der Geheimnisse, mit denen das vor uns liegende Leben noch aufwartet. Mit dem Einatmen versorgen wir die im Erdreich unseres Seins liegenden Samen der Einsicht und des wirklichen Verstehens mit Leben spendendem Wasser.

### erblüht aufs Schönste in mir.

Im gegenwärtigen Augenblick geerdet atmen wir aus. Nun können wir langsam und in aller Aufrichtigkeit den Blick auf die vermeintlichen Eindringlinge im Garten und auf unsere schwierigen Emotionen richten. So ermöglichen wir, dass der Lotos des wirklichen Verstehens in uns aufblüht. Die Welt lassen wir an seinem Wohlgeruch durch unsere Gedanken, Worte und Handlungen teilhaben.

# In gutem Einvernehmen leben

Zwischen Garten und Gärtner
bestehen wechselseitige Verbindungen.
Wie zwei Verästelungen derselben
Kletterpflanze
gedeihen wir
auf gemeinsamem Grund und
Boden.

Eine gemeinsame Grundlage zu erkennen, zu gutem Einvernehmen zusammenzufinden beginnt bereits mit dem Einsetzen des schöpferischen Prozesses und der Gestaltung unseres Gartens. Gute Gestaltung geht auf die klimatischen Bedingungen und die Geländebeschaffenheit unseres Stückchen Landes ein. Eine auf gesunde Weise kultivierte Gartenerde ebenso wie krankheits- und trockenheitsresistente heimische Pflanzen, die nicht sonderlich viel Pflege benötigen, sind ein weiterer wichtiger Punkt. Allein schon dadurch, dass wir diese einfachen und klaren Maßnahmen ergreifen, ermuntern wir die schädliche-

ren Gäste unseres Gartens, woanders zu leben und zu gedeihen.

Ferner können wir uns nach Kräften darum bemühen, ein gesundes Umfeld für unsere Innenwelt zu kultivieren. Um die Basis, den Erdboden unserer körperlichen Form vital und kräftig zu erhalten, können wir gesunde Nahrung zu uns nehmen, gutes Wasser trinken und dafür sorgen, dass wir zur Ruhe kommen. Und unsere Anfälligkeit für Erkrankungen und Gebrechen aller Art verringern wir, indem wir für eine physische Beanspruchung sorgen, uns die Bewegung verschaffen, die zu unserem Körper und zu unserer Lebensführung passt, und uns rundum eine positive Sicht auf das Leben bewahren. Uns mit Menschen zu umgeben, die eine gesunde Lebenseinstellung haben und spirituell ausgerichtet sind, und uns ein ruhiges, friedliches Umfeld zu suchen dient ebenfalls unserem Bestreben, geistig gesund zu bleiben.

In einem guten Einvernehmen mit unserem Garten zu leben erfordert ein hohes Maß an Gewahrsein und Achtsamkeit. Selbst wenn wir uns die allergrößte Mühe geben, manchmal werden wir mit unserer Gartenarbeit Schaden anrichten. Die Zen-Gärtnerin Wendy Johnson berichtet von einem Reh, das mit seinem Kitz in ihren Garten – und damit in eine scheinbar aussichtslose Situation – hineingeraten war. Die Gärtner versuchten, das Reh in die Freiheit der kalifornischen Küstengebirgslandschaft gleich auf der anderen Seite des Gartenzauns hinauszugeleiten. Der dem Wild angeborene Instinkt versetzte das Muttertier und das Kitz jedoch in Panik, da sie sich unversehens in der Beengtheit des Gartens wiederfanden. In ihrer Bedrängnis warf sich die Rehmutter gegen den Zaun, der ja gerade so konstruiert war, dass er sie zuverlässig vom Garten fernhalten sollte, und brach sich das Genick. Wenig später war das Reh, begleitet von der liebevollen Aufmerksamkeit der Gärtner, bereits tot. Daraufhin sprang das Rehkitz lautlos zurück in die Freiheit und ward nie wieder gesehen.

Für uns kommt es darauf an, einen Weg zu finden, wie wir uns um den Garten kümmern können, ohne anderen Wesen etwas zuleide zu tun oder ihnen das Leben zu nehmen. »Zwischen dem Gärtner und dem Pflanzenschädling«, heißt es bei Wendy Johnson, »bestehen wechselseitige Verbindungen – der eine ist aus dem anderen hervorgegangen. Praktizieren wir auf der Grundlage dieser Wahrheit, grenzen wir uns nicht mehr so scharf voneinander ab.«[*] Sobald wir zulassen, dass die Abgrenzung zwischen uns selbst und der Natur nicht mehr einen derart kategorischen Charakter hat, gewinnt unser Mitgefühl an Kraft. Wir erkennen dann, dass wir allesamt Gäste im vielfältig miteinander verflochtenen Netzwerk des Lebens sind, und verpflichten uns, eine gemeinsame Basis zu finden, auf der alle Wesen gedeihlich leben können.

Zwischen Garten und Gärtner bestehen wechselseitige Verbindungen.

Mit dem Einatmen betrachten wir den Garten und uns selbst als sich weiterent-

---

[*] Wendy Johnson, *Gardening at the Dragon's Gate: At Work in the Wild and Cultivated World*, New York 2008, S. 228

wickelnde Verästelungen derselben Kletterpflanze.

### Wie zwei Verästelungen derselben Kletterpflanze

Da wir wechselseitig miteinander verbunden sind wie die Verästelungen einer Glyzinie, wird aus der scharfen Abgrenzung zwischen Garten und Gärtner für uns ein weicherer Übergang in die Muster und Strukturen der Berge, Gräser und Bäume. Wir sind sie; und sie sind wir. Mit dem Ausatmen nehmen wir wechselseitig den Atem des jeweils anderen in uns auf.

### gedeihen wir

Unsere zunehmende Weichheit gebiert das Mitgefühl. Mit dem Einatmen verpflichten wir uns, die Dinge langsamer anzugehen, die Abläufe der Natur zu beobachten, sie zu studieren und sie zu erlernen. Aufgrund von Weisheit und Achtsamkeit finden wir, unser Bruder Maulwurf und unsere Schwester Spinne eine gemeinsame Basis, auf der wir in Harmonie leben können.

### auf gemeinsamem Grund und Boden.

Mit dem Ausatmen entströmt die Luft unserer Lunge und verbindet sich mit der Luft, dem Wasser und der Erde unseres Gartens. Geboren und gehegt im Erdreich unserer Einsicht und unseres Verstehens, entwickeln wir und unser Garten uns auf einer gemeinsamen Grundlage. Und alles Leben gedeiht.

# Wer wohnt hier eigentlich?

*In dem Wissen, dass wir alle hier nur zu Gast sind,*
*schaue ich mit den Augen meines Herzens.*
*Als mitfühlender Krieger*
*ehre ich alles Leben.*

Allem Leben mit Ehrerbietung zu begegnen ist ein überaus hilfreicher Ausgangspunkt, wenn wir beginnen, uns mit den Gästen unseres Gartens zu befassen. »Wer wohnt hier eigentlich?« und »Wessen Zuhause ist das?« sollten wir fragen. Viele der Vierbeiner, Insekten und Pilze, auf die wir im Garten stoßen, lebten bereits lange, bevor wir auf unseren Besitz in fein säuberlich definierten Grenzen Anspruch erhoben haben, auf und in diesem Garten und bahnten sich ihren Weg durch die dunklen Adern seiner Erde. Eigentlich sind *sie* hier heimisch. Und der gemeinsame Grund und Boden, unser Garten, ist ein Stück Land, auf dem wir

alle zu Gast im Haus des jeweils anderen sind.

Zeit damit zu verbringen, die Wirbeltiere, wirbellosen Tiere und Krankheiten unseres Gartens kennenzulernen, ist eine der besten Möglichkeiten, unserer gemeinsamen, vom Planeten Erde erhaltenen Erbschaft mit Ehrerbietung zu begegnen. Auf dem neutralen Boden unserer Gartenerde treten wir zu ihnen allen in eine direkte Beziehung. So erkennen wir die Ausdauer und Beharrlichkeit unserer Gartengäste an und würdigen sie, ganz gleich, ob die Gäste nun vier, sechs oder acht Beine haben oder sich, ohne über

Beine zu verfügen, winden und schlängeln. Durch Achtsamkeit im Umgang mit den Einheimischen in unserem Garten lernen wir zu verstehen, wie sie sich verhalten, und ihren Gewohnheiten und Verhaltensmustern Beachtung zu schenken. Worin ihr nächster Schritt bestehen wird, versuchen wir zu erfassen, noch bevor sie ihn tätigen.

Beim Umgang mit den gravierenden Spuren, die der eine oder andere unserer Gäste im Garten hinterlässt, geht es keineswegs darum, Kontrolle auszuüben. Vielmehr gilt es, nach wie vor offen und gegenwärtig zu bleiben. Wir erledigen unsere Hausaufgaben, machen Beobachtungen, machen uns Notizen zu den Aktivitäten unserer Gäste, schreiben auf, in welcher Weise sie beißen, nagen und kratzen. Auf eine möglichst mitfühlende Art und Weise ausfindig zu machen, wie wir mit diesen vermeintlichen Eindringlingen am besten umgehen können, ist das Ziel. Haben wir schließlich eine Bestandsaufnahme vorgenommen und uns damit vertraut gemacht, welche Verwüstungen unsere lästigen Freunde im Leben unseres Gartens hinterlassen haben, lässt sich entscheiden, einen wie großen Schaden wir und unser Garten in Kauf nehmen können.

Denken Sie etwa an die Wühlmaus. Vorzugsweise leben Wühlmäuse an Orten, an denen die Erde weich und feucht ist und an denen Grünpflanzen gut gedeihen; und zwar solche mit saftigen Pfahlwurzeln (z. B. Möhren), Wurzelknollen (z. B. Sellerie), Zwiebeln (z. B. Tulpenzwiebeln) oder anderen als unterirdischer Nährstoffspeicher geeigneten Wurzelsystemen. Klingt nach unserem Garten, finden Sie nicht? Ganz recht. Indem wir unseren Wühlmaus-Freunden bei ihren Buddelaktivitäten zuschauen, beobachten wir aufmerksam ihren Appetit auf unser Wurzelgemüse. Selten riskieren Wühlmäuse einen Abstecher in den oberirdischen Bereich, um sich ein köstliches Häppchen zu sichern, das sie über ihre

unterirdischen Gänge nicht erreichen können. Eher werden sie die Pflanzenteile einfach von unten in ihren Tunnel ziehen. Besonders gerne fressen Wühlmäuse auch die zarte Wurzelrinde von Rosen und jungen Obstbäumen, insbesondere von jungen Apfelbäumen. Entsetzt sehen wir dann mit an, wie der Apfelbaum im Frühjahr nur noch schwach beziehungsweise gar nicht mehr austreibt oder die Rosen in der Sonne die Köpfe hängen lassen, nachdem unsere eifrig grabenden Gäste sie mit ihren langen Zähnen der Wurzeln, d. h. ihrer unterirdischen Verankerung und Nährstoffzufuhr, beraubt haben. Weder unser Garten noch wir können eine derartige Zerstörung tolerieren. Dagegen müssen wir uns einfach zur Wehr setzen, gar keine Frage.

Allerdings sollten wir offen sein für Überlegungen, die über eine einseitige »Problemlösung« deutlich hinausreichen. Da wir in der Herausforderung, mit der wir konfrontiert sind, eine Gelegenheit sehen, uns in Achtsamkeit zu üben, holen wir erst einmal Luft, bevor wir uns mit dem schier unstillbar scheinenden Appetit unserer Wühlmäuse befassen. Bei den Gegenmaßnahmen gehen wir entschlossen, fachmännisch und mitfühlend vor. Ganz klar handeln wir dabei in der Absicht, für alle Beteiligten – für den Apfelbaum beziehungsweise die Rosen, die Wühlmäuse und uns selbst – eine harmonische Lösung zu finden. Da wir gelobt haben, das Leben immer und überall als unseren Lehrmeister zu betrachten, und die Verpflichtung eingegangen sind, ein Bodhisattva zu sein, kommt Ausrottung als Option für uns nicht in Betracht.

Während wir ganz natürlich weiter atmen, fällt uns vielleicht ein, dass die in unserem Garten beheimateten Wühlmäuse sich ihren Weg nicht durch Maschendraht hindurch bahnen können. Und so beginnen wir, ihnen mittels Maschendraht Grenzen zu setzen. Pflanzen wir die Bäume und Sträucher in Drahtkörbe, deren Maschen klein genug sind (mit einer Maschenweite von circa 7,5–15 mm), wird das unseren Garten davor bewahren, als Mittagsbuffet der Wühlmäuse bereitzustehen. Ferner kann ein solches Drahtgeflecht, circa 15–20 cm unter der Oberfläche, horizontal ins Erdreich eingebracht werden, um unsere Gemüse- und Blumenpflanzungen, die sich über eine größere Fläche verteilen, zu schützen. Auch dekorative Pflanzkübel kommen infrage, um unsere Wühlmaus-Freunde mit einer ästhetisch ansprechenden Lösung vom Wurzelsystem der Pflanzen fernzuhalten.

Diese Art von Grenzziehung ermöglicht uns ein harmonisches Zusammenleben mit den ortsansässigen Wühlmäusen. Zugleich erkennen wir damit an, dass das Land allen Lebewesen, Pflanzen und Mineralien gehört. Unser Handeln ist dasjenige eines mitfühlenden Kriegers: Indem wir offen und flexibel bleiben, lernen wir, Konflikte selbst mit unseren ganz besonders räuberischen Gästen zu lösen, und wir finden Möglichkeiten, mit ihnen zusammenzuleben.

Manch eine räuberische Aktivität mag unserem Garten sogar zugute kommen, etwa im Fall der Grünen Florfliege! Den Florfliegenlarven hat man den Spitznamen »Blattlauslöwen« verliehen, weil sie unter anderem einen geradezu unstillbaren Appetit auf Blattläuse an den Tag legen und so als deren natürliche Gegenspieler fungieren. Florfliegen sind zwar Insekten, zugleich aber Bundesgenossen unseres Gartens. Ein besseres Verständnis der Naturprozesse hilft uns, zu unserem eigenen Rhythmus zu finden und unser Handeln auf einen im Kern unverfälschten Zustand der Natur abzustimmen. Indem wir lernen, mit den Vierbeinern, Insekten und Pilzen unseres Gartens in Harmonie zusammenzuleben, begegnen wir jedwedem Leben allüberall mit Ehrerbietung.

In dem Wissen, dass wir alle hier nur zu Gast sind,

Mit dem Einatmen erweisen wir der weit in die Vergangenheit zurückreichenden Präsenz unserer Gartenbewohner Anerkennung und Ehrerbietung. Alle miteinander sind wir in unserem Garten nur zu Gast.

### schaue ich mit den Augen meines Herzens.

Wir erkennen an, dass sämtliche Lebensformen ihrer Natur nach innig miteinander verbunden sind. So machen wir uns frei von dem Verlangen, die Kontrolle zu übernehmen und Vergeltung zu üben. Mit dem Ausatmen sind all unsere Gedanken, Worte und Handlungen von Mitgefühl erfüllt.

### Als mitfühlender Krieger

Gestützt auf das Verständnis unserer Bodhisattva-Natur wenden wir uns mit dem Einatmen unseren Gästen zu.

### ehre ich alles Leben.

Bei einem mitfühlenden Krieger sind die Gedanken, Motivationen und Handlungen Ausdruck eines tief gehenden Verständnisses. Mit dem Ausatmen ehren wir alles Leben.

# Erblühe!

Danke sehr, liebe Blume,
dass du das Leben derart verschönerst.
In deiner reinen Gegenwart
erblicke ich mein wahres Selbst.

# Reine Gegenwart

☞ Wir können uns voller Achtsamkeit ums Jäten und ums Gießen unseres Gartens kümmern. Trotzdem öffnet sich die in der Pflanze – und in uns – bereits vorhandene Blüte zu *ihrer* Zeit. Die ersten Blumen im Garten berühren uns mit ihrer Schönheit oft ganz unmittelbar. Kommen wir ihnen näher und atmen wir tief ein, kann ihr Duft, während wir behutsam die samtigen Blütenblätter berühren, zu einem Teil von uns werden. Die Schönheit der Blume spiegelt die Schönheit unserer wahren Natur wider. Jenseits ihrer physischen Erscheinung, jenseits aller Geschichten, die wir einander über Blumen und deren Besonderheiten erzählen, dienen sie uns als Modell für reine Gegenwart, für die Schönheit, schlicht und einfach zu sein, was sie sind, bar aller Eitelkeit und ohne sich für irgendetwas zu rechtfertigen.

Nehmen wir uns die Zeit, eine Blume wirklich anzuschauen, können wir alles Leben in einem einzigen Blütenblatt sehen. Im quirlförmig angeordneten Blütenstand leben dort die Erde, der Himmel und das Meer. Ebenso die Sonne, der Regen und das Herz unseres fürsorglichen Bemühens um das Wachstum der Blume. Wir sind in der Blüte, und die Blüte ist in uns. Sie erblüht, wenn der durch Fotosynthese in den Pflanzenblättern produzierte Zucker auf die Mineralsalze trifft, die das Wurzelsystem der Pflanze aus dem Boden zieht.

Bis in derartige Details hinein über eine Blume Bescheid zu wissen – um ihre Weisheit zu wissen, die darüber entscheidet, wann die Blume wächst und wann sie blüht – öffnet uns. Solch ein Wissen verändert uns.

Blumen verfügen über die Fähigkeit, uns in eine andere Stimmung zu versetzen und uns durch ihre Schönheit zu inspirieren, ohne auch nur ein einziges Wort sagen zu müssen. Sonne und Mond, Wind und Regen, in der Offenherzigkeit einer Blume sind sie alle gegenwärtig. Wenn wir eine Blume wirklich betrachten, wissen wir, dass wir wahrer Gegenwart ins Gesicht schauen.

### Danke sehr, liebe Blume,

Mit dem Einatmen sagen wir den Blumen in unserem Garten Dank. Von ihrer Präsenz, das wissen wir, können wir vieles lernen. Wenn wir auf den Atem zurückkommen, werden wir daran erinnert, jene strahlende Schönheit wertzuschätzen, die im schieren Dasein einer Blume gegenwärtig ist.

### dass du das Leben derart verschönerst.

Mit dem Ausatmen sind wir dankbar für die Anmut, um die unser Leben durch die Blu-

men bereichert wird. Über den Atem lassen wir die Rosen, Jasminblüten und Glyzinien an unserer Dankbarkeit teilhaben. In unser Leben bringen sie so viel Freude!

### In deiner reinen Gegenwart

Mit dem Einatmen achten wir darauf, wie still die Blumen sind. In ihrem Blütenblätterleib lebt reine Gegenwart. Wir atmen diese Gegenwart in jede einzelne Zelle unseres Körpers ein.

### erblicke ich mein wahres Selbst.

Mit dem Ausatmen wird für uns eine tief greifende Resonanz mit dem schieren Sein der Blume erfahrbar. Die Harmonie, die wir verspüren, wenn wir die innerste Natur einer Blume erleben, spiegelt in aller Klarheit *unser* wahres Selbst wider.

## Sei die Blüte!

Lieber Garten,
du bist ein Spiegelbild
meines Herzens.
Bei jedem Herzschlag
erblüht eine Blume.

In unserem Garten steht jeder Stein, den wir umgewendet haben, für die Überwindung eines Hindernisses. Jedes Unkraut, das wir herausgezupft haben, spiegelt unseren geistigen Klärungsprozess. Mit jeder Blume, deren Blüte sich öffnet, gelangen in uns die beiden Qualitäten

Einsicht und Mitgefühl zur Blüte. Im Garten manifestiert sich nicht nur unsere Vision. Ebenso sehr ist er ein Spiegelbild unseres Herzens. Bei jedem Herzschlag erblüht eine Blume. Und ebenso, wie der Gärtner den Garten kultiviert, kultiviert der Garten den Gärtner.

Sind wir in das Leben unseres Heiligtums vertieft, während sein wilder Wein mit den Geschichten, die er erzählt, zärtlich unser Herz umrankt und das Espenlaub im Sommerwind erbebt, gleicht der Garten einem aus Dank für den Schweiß und die Mühen, die wir ihm zuliebe auf uns genommen haben, applaudierenden Publikum. Dann ist der Garten für uns eine Brücke zwischen der Innen- und der Außenwelt. Wenn wir unsere Lebenskraft mit voller Aufmerksamkeit und Gegenwärtigkeit der Kultivierung unseres Gartens widmen, durchlaufen zugleich auch wir eine Entwicklung. Von Anfang an trägt die Gartenarbeit dazu bei, unsere wahre Natur zur Blüte zu bringen: grundlegende Gutheit.* Indem wir im Garten achtsam Unkraut jäten, indem wir graben, pflanzen und zurückschneiden, werden unsere Gedanken, Worte und

Handlungen feinfühliger und aufrichtiger. Wir gewinnen an Verständnis, Einsicht und Mitgefühl. Auf das, was ist, lernen wir einzugehen, anstatt uns selbst – unsere vorgefassten Vorstellungen und Wahrnehmungen – der Welt um uns herum innerlich und äußerlich überzustülpen. Die Blumen unseres Heiligtums malen, für alle sichtbar, die Schönheit unseres Herzens auf den Himmel und in den Wind. Lebenskraft zu Lebenskraft. Wir erblühen ebenso wie unser Garten.

### Lieber Garten,

Mit dem Einatmen widmen wir unsere irdischen Bemühungen – unseren Rücken, unsere Hände, unseren Schweiß und unser Herz – dem Garten. Durch das achtsame Arbeiten im Garten gehen wir mit unserem Fleckchen Land und seinen Bewohnern eine heilige Beziehung ein. Der Garten wird zu einem Ort tiefer Verbundenheit und Zusammengehörigkeit.

### du bist ein Spiegelbild meines Herzens.

Mit dem Ausatmen wird uns unsere Achtsamkeit durch die stille Gegenwart und Schönheit jeder roten, violetten und königsblauen Blume im Garten widergespiegelt. Als handele es sich um Tau in der Morgensonne, fängt die Reinheit jedes quirlförmig angeordneten Blütenstands, einem Becher gleich, unsere

---

\* Eine sehr klare und ausführliche Erläuterung des vielleicht etwas ungewohnt klingenden Begriffs »grundlegende Gutheit« finden Sie in: Chögyam Trungpa, *Der Angst ein Lächeln schenken*, übers. v. Michael Wallossek, Oberstdorf 2011.

grundlegende Gutheit auf. Nun kann sie als Opfergabe dargebracht werden. Mit dem Ausatmen verschenken wir uns immer wieder aufs Neue an unseren Garten, den Himmel und alle Lebewesen.

### Bei jedem Herzschlag

Mit dem Einatmen bringen wir der Erde und all ihren Bewohnern Güte, Großzügigkeit und Mitgefühl als Opfergabe dar. Unser Garten verschafft uns die Gelegenheit, der Natur mit unseren Füßen, den Händen und dem Herzen unsere essenzielle Gutheit zu schenken.

### erblüht eine Blume.

Mit dem Ausatmen verweilt unsere Liebe im Blütenduft – nicht nur die Blüten, so zeigt dies, sind hier präsent, sondern auch wir.

# Die Schönheit der Vergänglichkeit

Du schöne Blume,
so vieles kann ich von dir lernen.
Möge dein Gleichmut mich erden
angesichts des schnell vergäng-
lichen Lebens.

Wenn wir uns anschauen, wie im Garten die Schönheit einer Blume zum Leben erwacht, hat die Flüchtigkeit ihres Gastspiels für uns oft etwas Berührendes. Binnen kurzer Zeit werden ihre Blütenblätter der nimmersatten Erde entgegenschweben und zum Bestandteil des Komposts fürs nächste Gartenjahr werden. Von der aufgehenden Knospe bis zum Herabfallen der Blütenblätter erleben wir mit, wie sich die Anmut der Vergänglichkeit entfaltet.

Genau wie bei der Blume liegt es auch in der Natur unseres Körpers, dass er altert, stirbt und wir ihn ablegen. Er altert, sein Zustand verschlechtert sich, schließlich stirbt er. Auch für uns führt kein Weg daran vorbei. Der Tod ist Bestandteil des Lebens. Die Blume macht sich keine Gedanken darüber, dass es in ihrer Natur liegt, vergänglich zu sein, und sie sieht nie eine Veranlassung zur Klage. In ihrem Gleichmut liegt große Weisheit. Mit welcher Eleganz die Blume in unseren Garten hineinkommt und ihn später wieder verlässt, gibt ein schönes Beispiel für uns: So anmutig können wir die Vergänglichkeit des Daseins, auch die Vergänglichkeit des eigenen Daseins, willkommen heißen.

Samen zu bilden, aus denen die nächste Pflanzengeneration hervorgeht, darin besteht die elementare Aufgabe einer Blume. Durch die Erfahrung, uns an eine

schöne Blume zu erinnern, an eine Gardenie beispielsweise – an ihren zarten
cremeweißen Farbton, ihren lieblichen
Wohlgeruch, die Vollkommenheit ihrer
Blütenblätter –, wissen wir, dass sie zugleich in uns fortdauert. Alles, was uns
lieb und teuer ist, jeder Mensch, alle
Lebewesen und alle Dinge, die wir lieben, unterliegen von Natur aus dem
Wandel und werden unweigerlich phy-
sisch von uns getrennt. Doch genau wie
die Gardenie in uns fortbesteht, lange
nachdem sie verwelkt und zu Boden
gefallen ist, leben auch unsere Lieben in
uns weiter. Erinnerungen – Worte, Gerü-
che, Umarmungen und Emotionen –
leben im Herzen und im Körper weiter,
lange nachdem wir dahingeschieden
sind. Auf diese anmutige Art und Weise

lehren Blumen uns die Kunst, im Ange-
sicht der Vergänglichkeit ein schönes
Leben zu führen.

### Du schöne Blume,

Mit dem Einatmen würdigen wir die
Schönheit unserer Gartenblumen. Durch
ihre so kurz bemessene Daseinsspanne
machen sie auf liebevolle und schöne
Weise für uns anschaulich, wie schnell
vergänglich das Leben ist.

### so vieles kann ich von dir lernen.

Überaus elegant betritt und verlässt die
Blume, federgleich in ihrer Form, unseren
Garten. Von ihr können wir lernen, uns in
der eigenen Lebensführung voll und ganz
auf die Wahrheit unserer zeitlich begrenz-
ten physischen Existenz einzulassen. Mit

dem Ausatmen setzen wir uns nicht länger gegen den Strom der Veränderung zur Wehr.

### Möge dein Gleichmut mich erden
Einer Blume gleich nehmen wir mit dem Einatmen die Veränderung mit Anmut entgegen.

### angesichts des schnell vergänglichen Lebens.
Mit dem Ausatmen sind wir uns dessen bewusst, dass der Gleichmut der Blume der Samen ist, der sie in uns fortdauern lässt.

# Unter der Blüte

*Unter jeder Apfelblüte verborgen liegt der Samen ihrer Fortdauer. Die Ganzheit des Apfels zu verstehen ist die Frucht unserer Gartenarbeit.*

Unter jeder Apfelblüte verborgen liegt der Samen ihrer Frucht. Die richtige Pflege vorausgesetzt, wird dieser Samen zu einer knackigen, saftigen Frucht heranreifen. Der Apfel verkörpert nicht nur die Blüte des Apfelbaums und beherbergt

die Samen für den eigenen Fortbestand. In Form von Kohlehydraten und Ballaststoffen, die Energie liefern, versorgt er uns obendrein mit Nahrung. Nachdem wir ihn gegessen haben, werden durch seine Nährstoffe unsere Gedanken, Worte und Handlungen energetisiert. Der Apfel wird zu einem Teil von uns.

Alles Leben ist auf diese Weise wechselseitig miteinander verbunden: »Das Brot in unserer Hand ist der Leib des Kosmos«, sagt Thich Nhat Hanh. Die Sonne, der Himmel, die Wolken, die Erde, die Mineralien, die Hand des Landwirts, die Anstrengung der Feldarbeiter bei der Ernte, das handwerkliche Geschick des Bäckers, die sicheren Fahrkünste des Lieferanten, die Aktivität des Supermarkt-Mitarbeiters, der das Brot ins Regal räumt, und des Kassierers – sie alle kommen zusammen, damit das Brot in unsere Hände gelangt. So viele Leben stecken in einer Scheibe Brot, einem Apfel oder einer einzigen Blume.

### Unter jeder Apfelblüte verborgen
Hinter der Schönheit einer Blüte stehen das verborgene Potenzial und das Leben ihres Samens. Nur durch das Absterben ihrer gegenwärtigen Form kann die Blüte das gedeihliche Heranwachsen ihres Samens ermöglichen. Mit dem Einatmen würdigen wir die hingabebereite Weisheit der Blüte.

### liegt der Samen ihrer Fortdauer.

Der Blüte wohnt der Samen inne. Und dem Samen der Fortbestand der Blüte. Mit dem Ausatmen zollen wir dem großen Daseinskreislauf unsere Anerkennung.

### Die Ganzheit des Apfels zu verstehen

Indem wir sehen, wie das Fruchtfleisch des Apfels uns nährt, den Geist mit Energie versorgt und unsere Handlungen beflügelt, gewinnen wir Einsicht in das Intersein allen Lebens. Mit dem Einatmen wird uns klar, dass der Apfel und wir Bestandteil desselben Ganzen sind.

### ist die Frucht unserer Gartenarbeit.

Mit dem Ausatmen wissen wir aufgrund von Verständnis und Einsicht, dass wir an allem Leben teilhaben. Wie der Apfel reifen wir zur eigenen Ganzheit. Dieses Erwachen ist die eigentliche Frucht unserer Tätigkeit im Garten.

# 10

## Zu guter Letzt:
## die Frucht

Aus Ehrerbietung vor der Weisheit der Natur
lasse ich meinem Garten den nötigen Raum,
zu wachsen und zu reifen.
Gemeinsam gelangen wir zur Blüte
und tragen Frucht.

Bis wir die Früchte unserer Mühen entgegennehmen können, braucht es Zeit. Unsere Geduld und Zufriedenheit lassen den Garten gedeihen, sich schön entwickeln und schließlich seine reichen Gaben hervorbringen. Wer hingegen vor lauter Ungeduld an den zarten neuen Trieben seiner Jungpflanzen zieht, wird das Wachstum zunichte machen, anstatt es zu fördern. Indem wir ein bisschen Abstand gewinnen und erst mal Luft holen, geben wir den Dingen Zeit zu reifen. Zugleich durchlaufen auch wir einen Entwicklungs- und Reifungsprozess. Während wir uns um all das kümmern, was unser Garten benötigt, während wir also Unkraut jäten, gießen und für die Kompostierung sorgen, behalten wir unsere neuen Gäste liebevoll im Blick. Wie ein Vater oder eine Mutter, die aus einiger Entfernung zuschauen, wie ihr Kind auf dem Klettergerüst spielt, lassen wir unseren Pflanzen den Raum und die Zeit, die sie benötigen, um zu wachsen und zur eigenen Ausdrucksform zu finden. Dabei stehen wir stets bereit, um einzuschreiten, sollte ihnen Gefahr drohen.

Gefahr drohen kann einem unlängst neu angelegten Garten in Gestalt von großen Unregelmäßigkeiten in der Wasserversorgung, unzureichend kultiviertem Erdreich, allzu dichter Bepflanzung, zu wenig Licht beziehungsweise der einen oder anderen Kombination aus solch widrigen Umständen. Indem wir der Umweltbedingungen, die auf unsere Neuzugänge Einfluss nehmen, gewahr bleiben, geben wir ihnen die größte Chance, vollständig heranzureifen. Inwieweit sie Frucht tragen, hängt von ihnen ab. Da lässt sich nichts erzwingen. Wir können lediglich für die Fruchtbildung förderliche Bedingungen schaffen. In allem Übrigen müssen wir auf die Weisheit der Natur vertrauen.

Manche Pflanzen haben einen kurzen Wachstumszyklus, während andere es sich auf dem Weg zur Reife erst mal lange Zeit gut gehen lassen. Auf der einen Seite haben wir schnell wachsende Kräuter wie Basilikum und Minze. Ihr rasches Wachstum erlaubt uns, sie noch innerhalb ein und derselben Wachstumsperiode für kulinarische Köstlichkeiten und für medizinische Anwendungen zu nutzen. Demgegenüber kann es bei einem Obstgehölz durchaus fünf oder gar sieben Jahre dauern, ehe wir mit fleischigen und saftigen Früchten belohnt werden. Angenommen, unser Augenmerk gilt einzig und allein der Ernte, dann werden wir sicherlich ernüchtert sein, wenn wir mit ansehen, wie langsam die jungen Bäume heranwachsen. Richten wir andererseits den Blick nach innen, können wir in der Pflanze – ihrem natürlichen Wachstumstempo, ihren Vegetationsmustern und -pausen – ein Abbild unserer Entwicklung sehen.

Manchmal sind wir eher wie Gartenkräuter: Schnell können wir dann aus den Lektionen, die uns das Leben erteilt, lernen, sie uns zu eigen machen und den Lohn dafür ernten. Stellen Sie sich beispielsweise vor, Sie würden gerade zum ersten Mal in eine Zitrone hineinbeißen. Welch einen Schrecken würden Sie erleben, wenn Sie in der Erwartung, die Frucht sei süß wie eine sonnenverwöhnte Orange, mit weit geöffnetem Mund vorschnell ein großes Stück abbissen und dann die Erfahrung machten, dass Sie in außerordentlich sauer schmeckendes Fruchtfleisch hineingebissen haben. Kaum befindet sich die Zitrone im Mund, melden die Geschmacksknospen der Zunge diese intensiv saure Empfindung. Den Schrecken behalten wir in Erinnerung. Und beim nächsten Intermezzo mit einer Zitrone werden wir im Licht dieser Erfahrung langsamer und zurückhaltender verfahren, damit uns so etwas nicht noch einmal passiert. Solch eine Lektion lernen wir schnell.

Bei anderen Lektionen nimmt der Lern- und Integrationsprozess womöglich mehr Zeit in Anspruch. Beispielsweise wenn es darum geht, Mitgefühl mit jemandem zu entwickeln, der uns Schaden zugefügt hat. Voll und ganz zu verstehen, was uns da widerfahren ist, kann ein paar Tage, sogar mehrere Wochen dauern. Erst nach und nach, eher mit dem Heranwachsen einer Steinfrucht als mit dem von Kräutern vergleichbar, reift in uns die Einsicht. Weil wir uns in Achtsamkeit üben, beginnen wir jedoch zu begreifen, dass es in demjenigen Menschen, der uns – gemäß unserer Wahrnehmung – Schaden zugefügt hat, Leid und Verletztheit geben muss. Daher haben wir Mitgefühl mit ihm oder ihr.

Veränderung und Entwicklung halten sich an ihren eigenen Fahrplan, im Garten und beim Gärtner. Unsere Sache ist es, dem Garten und uns selbst für eine natürliche Entfaltung und Reifung Raum und Zeit zu lassen. Im offenen Feld unserer Achtsamkeit werden wir und unser Garten gemeinsam zur Blüte gelangen und Frucht tragen.

## Aus Ehrerbietung vor der Weisheit der Natur

Mit dem Einpflanzen der Samen unseres Gartens vertrauen wir uns dem Schoß der Erde, ihrer Weisheit und ihrem weit in längst vergangene Zeiten zurückreichenden Sein an. Mit dem Einatmen wissen wir: Wir haben eine weise Entscheidung getroffen.

## lasse ich meinem Garten den nötigen Raum,

Die Geduld und Zufriedenheit aus der Übung in Achtsamkeit sind mit dem Ausatmen unsere Opfergabe, während wir lernen, das Resultat unserer Bemühungen dem allwissenden Schoß der Erde zu überlassen.

### zu wachsen und zu reifen.

Da wir in keiner Weise versuchen, ein bestimmtes Resultat herbeizuführen, lassen wir mit dem Einatmen entspannt zu, dass unser Garten und wir uns ganz natürlich aufs Schönste entfalten.

### Gemeinsam gelangen wir zur Blüte und tragen Frucht.

Blattgrün, Blüte, Frucht: Das ist der Rhythmus der Natur. Mit dem Ausatmen genießen wir unseren frischen Atem, erfreuen uns eines Höchstmaßes an Lebendigkeit und sind auf die Melodie unseres Gartens, die Melodie des gegenwärtigen Augenblicks, eingestimmt – Blattgrün, Blüte, Frucht.

# Mit Anmut reifen

*Das Stelldichein des Lebens
im Fleisch meiner Gartenfrucht
führt mir vor Augen,
wie ich mit Anmut reifen kann.*

In der Frucht treffen Sonne, Wasser, Erde, Mineralien und Kompost zusammen. Durch seine Cherry-Tomaten und Auberginen, durch den Kopfsalat, den Mangold, die Kräuter und die roten Birnen führt uns unser Garten vor Augen, wie großartig es ist, zur Reife zu gelangen. Mit ihrem Geschmacksreichtum legen das Gemüse und die Früchte unseres Gartens beredt Zeugnis davon ab, welche Schönheit und Kraft der mit dem Alter eintretenden Reife und dem Zusammenkommen des Lebens zu eigen sind.

Durch Reife entsteht etwas Großartiges: der Geschmack und der Saft des Lebens. Die Äpfel, Birnen und Kirschen in unserem Garten lehren uns, dem Voranschreiten des Alters keinen Widerstand entgegenzusetzen, sondern mit Anmut zur Wahrheit all dessen heranzureifen, wer und was wir sind. Wie diese Früchte lassen auch wir uns geduldig von der Sonne, dem Regen, dem Himmel und der Erde unseres Gartens mitgestalten. Bis unsere Gestalt und unser Geschmack – unsere Großartigkeit – zu guter Letzt ganz und gar zum Vorschein kommen, braucht es Zeit.

Der eine Apfelsamen wird vielleicht in feuchtes und weiches Erdreich eingepflanzt, der andere hingegen in steinigen und staubtrockenen Boden. Jeder Samen lernt, just an der Stelle zu gedeihen, an der er sich wiederfindet. Und jeder von ihnen wird durch die förderlichen Bedin-

gungen, die ihm zuteilwerden, und durch die Herausforderungen, mit denen er konfrontiert ist, auf unverwechselbare Weise er selbst.

Entsprechend trägt, während wir heranreifen, auch jede Zelle des Körpers die einzigartigen Erfahrungen unserer Lebensreise in sich. Wahrhaft zur Reife gelangen wir, wenn wir in aller Bescheidenheit die Wahrheit und Ganzheit all dessen, wer und was wir wirklich sind, willkommen heißen und sie bereitwillig und unerschrocken für das Leben rings um uns herum zur Verfügung stellen. Indem wir lernen, der eigenen Reifung – demjenigen, was an und in uns eigentlich so großartig ist – keinen Widerstand entgegenzusetzen, reifen wir in Anmut.

Unsere Reife, unsere Ganzheit, willkommen zu heißen bedeutet: Wir begreifen, dass wir Bestandteil des kosmischen Kontinuums sind. Kompost wird zur Gartenerde, Samen zum Keimling, Knospe zur Blüte, Blüte zur Frucht und Frucht zum Kompost. Dies beschreibt den endlosen Kreislauf von Leben und Tod. Er ist ewig. Genau wie wir. Den Früchten unseres Gartens bereitet es nicht die mindeste Mühe, ihre Lebenskraft unserem Körper als Energie spendende Nahrung zur Verfügung zu stellen. Ebenso ist es unsere Aufgabe, während wir heranreifen in Erfahrung zu bringen, worin unsere unverwechselbare Daseinsbestimmung besteht. Indem wir unsere Ganzheit dem Leben zuteilwerden lassen, reifen wir mit Anmut.

### Das Stelldichein des Lebens

Die Erde, die Sonne, der Mond, der Himmel, der Wind und der Regen: Beim Zustandekommen beziehungsweise Zusammenkommen des Lebens machen sie alle gemeinsame Sache. Mit dem Einatmen machen auch wir gemeinsame Sache mit der Natur in ihrer grandiosen Manifestation.

### im Fleisch meiner Gartenfrucht

In einem schlichten Apfel, den wir in der Hand halten, kommt die Gesamtheit des Lebens zum Vorschein. Dessen sind wir uns mit dem Ausatmen zutiefst bewusst.

### führt mir vor Augen,

Mit dem Einatmen gestatten wir uns, zu unserem wahren Selbst heranzureifen.

### wie ich mit Anmut reifen kann.

Indem wir uns mit dem Ausatmen unserer natürlichen Entfaltung und Ganzheit überlassen, reifen wir mit Anmut.

# Im freien Fall

Als Zeuge deiner demütigen
Ergebenheit,
meine süße purpurfarbene Pflaume,
überlasse ich mich dem freien Fall
ins Sein,
in dasjenige, was ich bin, ganz
gleich, wo ich lande.

Die Pflaume überlässt sich der Weisheit des zeitlosen Winds und fällt, ohne die leiseste Klage vernehmen zu lassen, zu Boden. Dort angelangt, wird sie rasch zur Nahrung für Kleintiere, Vögel und Regenwürmer. Liest hingegen jemand die Pflaume auf und legt sie in einen Korb, so wird sie möglicherweise zusammen mit ihren Brüdern und Schwestern dazu beitragen, dass ein köstlicher Pflaumenkuchen entsteht. Oder sie wird vielleicht an einem strahlenden Sommertag, noch warm von der Sonne, per Hand geerntet, um mit dem süßen Saft, den sie in sich trägt, unseren Durst zu stillen. Problemlos gelingt ihr der Übergang von der einen zur anderen Form. Und ihr *Svadharma* – ein Wort aus dem Sanskrit, das »ganz spezifische und unverwechselbare Aufgabe« oder »die Bestimmung, die es in diesem Leben zu erfüllen gilt« bedeutet – erweist sich schlicht darin, zu sein, was sie ist, ganz gleich, wo sie sich befindet. Jede Frucht und jedes Gemüse in unserem Garten hat ein ganz eigenes Svadharma zu erfüllen. Ebenso wie für die Frucht unseres Gartens kommt es auch für uns darauf an, unsere einzigartige Bestimmung zum Ausdruck zu bringen – eine Lebenskraft und eine Begabung, die nur wir allein zu bieten haben. Zu sehen, in welcher Unbefangenheit der Garten sich Ausdruck verschafft, dient uns als Ermutigung, uns rückhaltlos auf die eigene Bestimmung einzulassen und ihr zu entsprechen, wo auch immer wir uns befinden mögen.

### Als Zeuge deiner demütigen Ergebenheit,

Indem wir im Garten Achtsamkeit üben, entschleunigen wir uns. So können wir die Wunder des Lebens rings um uns herum wirklich wahrnehmen. Diese Verlangsamung verschafft uns Gelegenheiten, den Moment mitzuerleben, in dem sich eine Pflaume vom Baum löst und zu Boden fällt. Mit dem Einatmen erweisen wir der lieblichen Ergebenheit und Demut der Pflaume Ehrerbietung, während sie vor unseren Augen mit der Erde in Berührung kommt.

### meine süße purpurfarbene Pflaume,

Für uns ist die Pflaume eine liebe Freundin. Aus ihrem bescheidenen Leben lernen wir, uns sacht auf das einzulassen, was uns wirklich ausmacht. Mit dem Ausatmen bieten wir unseren Atem der Pflaume dar. Dadurch bekräftigen wir, dass wir achtsam und uns ihrer stillen Botschaft bewusst sind.

### überlasse ich mich dem freien Fall ins Sein,

Durch die Entsprechung zur Pflaume inspiriert, können wir lernen zuzulassen, dass wir im freien Fall zu unserer wahr-

haftigsten Ausdrucksform gelangen, zu *unserer* grundlegenden Pflaumen-Qualität. Mit dem Einatmen erkennen wir an, wer wir in Wahrheit sind.

### in dasjenige, was ich bin, ganz gleich, wo ich lande.

Wir sind schlicht und einfach, was wir sind. Darum brauchen wir uns nicht zu bemühen. Ganz gleich, wo wir sind und was wir tun, haben wir die Gelegenheit, wirklich wir selbst zu sein. Mit dem Ausatmen entspannen wir uns in unser Sein.

# Die eigentliche Frucht

Geliebter Garten,
weil du bist, wer du bist,
bin ich
der Mensch, der ich bin.

Wir sind ebenfalls die Frucht unseres Gartens, genauso wie die leuchtend rote Erdbeere. Vergleichbar mit den nussartigen kleinen Samenkernen der Erdbeere gibt es auch in uns zahlreiche Samen der Gutheit, die uns durch Achtsamkeit eingepflanzt wurden. Während wir gärtnern, sind es *unsere* Augen, denen sich die

Schönheit der Natur zeigt und die wirklich hinsehen. Unsere Ohren lernen, der Sprache des Landes zu lauschen und wirklich hinzuhören. Und von unserem Herzen rührt die Bereitschaft her, die Liebe und die Frucht unseres Gartenheiligtums anzunehmen und der absoluten Gegenwart, die es uns im gegebenen Augenblick schenkt, mit Wertschätzung zu begegnen. Weil du, geliebter Garten, durch achtsames Jäten, Zurückschneiden, Graben, Pflanzen und Ernten in deinem Heiligtum derjenige bist, der du bist, können wir zu dem Menschen werden, der wir sind.

### Geliebter Garten,

Unserer Verbindung zum Boden unseres Gartens wohnt das Potenzial inne, so intensiv und in ihrer Wirkung so transformativ zu sein wie unsere Beziehungen zu unseren Mitmenschen. Mit dem Einatmen erkennen wir unsere Beziehung zu unserem Garten an.

### weil du bist, wer du bist,

Mit dem Ausatmen sprechen wir unseren Dank aus: gegenüber dem Garten und dem Heiligtum, das er für uns schafft, damit wir einfach wir selbst sein können, während wir zuschauen, wie eine einzelne Pflaume bereitwillig zu Boden fällt und auf diese Weise ihr Svadharma erfüllt.

### bin ich

Mit dem Einatmen wissen wir: Wer und was wir sind, ist die eigentliche Frucht unserer Gartenarbeit.

### der Mensch, der ich bin.

Mit dem Ausatmen finden wir Frieden darin, einfach zu sein, wer wir sind.

# Das Herz der Ernte

## 11

Während mein Garten und ich uns miteinander entfalten, erfüllt aufrichtige Liebe mein Herz.

☞ Nach all unserer Arbeit bringt der Garten zu guter Letzt jene greifbaren Gaben hervor, mit denen er uns die Mühen lohnt: ganz fein behaarte Strauchbohnen, seidenweiche Kürbisse und die leicht gebogenen, noch mit Erde behafteten Finger der Regenbogenmöhren. Jede von ihnen hat wie ein alter Freund eine Geschichte zu erzählen. Einst hielten wir diese Pflanzen in Form von Samen in der Hand. Wir haben sie gehegt und gepflegt. Und jetzt haben wir sie zurückerhalten. Unsere Gartenarbeit ist eine Beziehungskiste mit vielfältigen Konsequenzen – für das Land, uns selbst und das Leben. Und dabei ergeht es uns nicht anders als in jeder guten Beziehung: Wenn wir uns achtsam um den Garten kümmern, unterstützt und nährt er uns.

Auch wir wachsen und gedeihen in der Gartenerde, neben den grünen Paprika, den rotschaligen Kartoffeln, den leuchtend gelben Taglilien und den violetten Schwertlilien. Sofern wir die Erde angemessen gegossen und uns gut um sie gekümmert haben, füllen sich nach einer gewissen Zeit unsere Arme mit richtigen Juwelen: Glänzend bordeauxrote Kirschen, vom Grünlichen ins Gelbliche changierende Mirabellen und sonnendurchwärmte Zwetschgen sorgen für unser leibliches Wohl, Dahlien in strahlenden Rosatönen und Lavendel nähren unsere Sinne, Zitronenmelisse und Ka-

mille beruhigen den Geist. Indem er uns seine Früchte ernten lässt, lehrt uns der Garten, was es heißt, wahrhaft großzügig zu sein.

In der Erde unseres Seins wird, während wir durch die Übung in Achtsamkeit gemeinsam mit unserem Garten wachsen und uns entfalten, Großzügigkeit geboren, eine Beziehung leidenschaftsloser, aber konsequenter Gegenseitigkeit. Im Reichtum dieses wechselseitigen Austauschs entwickelt sich aufrichtige Liebe. Und wir sind – genauso freigebig und rückhaltlos wie die Natur – bereit, dem Leben unsere Liebe zu schenken.

### Während mein Garten und ich

Unsere Lebenskraft und diejenige der Erde entfalten sich miteinander, eben das macht achtsame Gartenarbeit aus. Beides ist ineinander verwoben. Mit dem Einatmen treten wir voll und ganz in eine aufrichtige Beziehung zu unserem Garten.

### uns miteinander entfalten,

Die Beziehung zu unserem Garten ist leidenschaftslos und zugleich konsequent wechselseitig. Mit dem Einatmen sprießen wir, wachsen wir, erblühen wir und tragen wir Frucht – gemeinsam.

### erfüllt aufrichtige Liebe

Was wir dem Land zufügen, das fügen wir uns selbst zu. Mit dem Ausatmen geloben wir, harmonisch in einer liebevollen Beziehung mit unserem Garten zusammenzuleben.

### mein Herz.

Sobald wir unsere Verbundenheit mit allem Leben willkommen heißen, verlieben wir uns – eine ganz natürliche Reaktion. Dieses Sichverlieben ist das eigentliche Herz der Ernte. Mit dem Ausatmen schenken wir dem Leben bereitwillig unsere Liebe.

# Unser Getrenntsein aufgeben

Halte ich ein Blatt in der Hand,
lege ich mein Getrenntheits-
empfinden ab.
Die Wolke, das Blatt und ich stehen
miteinander in Verbindung.
Wir sind, weil alles andere ist.

Bei eingehender Betrachtung eines Blatts können wir über sein leuchtend grünes Antlitz eine Wolke dahinziehen sehen. Ohne die Wolke gäbe es keinen Regen; und ohne Regen wäre kein Baum vorhanden, aus dem ein so schönes Blatt

sprießen könnte. Würde die Wolke nicht existieren, könnte das Blatt nicht da sein. Das von der Blattoberfläche verdunstende Wasser wiederum lässt in der Luft Wasserdampf entstehen, der seinerseits den Weg zurück zu den Wolken und zum Meer findet. Die Wolke und das Blatt koexistieren. Mitschöpferisch trägt die Wolke dazu bei, dass das Blatt hervorsprießt, und gleichermaßen hat das Blatt an der Wolkenbildung seinen Anteil.

Schauen wir unsere Hände an, können wir sehen: Dort sind die Wolke und das Blatt ebenfalls vorhanden. Wenn wir ein Blatt halten, sehen wir, dass es sich in unseren Händen befindet – im buchstäblichen wie im übertragenen Sinn. Über seine durch Einbuchtungen voneinander getrennten Blattlappen, die unseren Fingern ähneln, und seine an die Strukturen unserer Handlinien erinnernden Blattadern versorgt das Blatt uns mit jenem Sauerstoff, der den Zellen unseres Körpers als Nahrung dient und es diesem ermöglicht zu gedeihen. Für uns spielt das Blatt eine wichtige Rolle. Ohne Wasser, ohne die Wolke, könnten weder wir noch das Blatt existieren. Die Wolke ist ebenfalls von großer Bedeutung für uns. Bei eingehender Betrachtung können wir sehen: Die Wolke und das Blatt, sie beide befinden sich in unseren Händen.

Auch unsere Ahnen, das können wir sehen, wenn wir weiter hinschauen, sind in unseren Händen gegenwärtig. Wir erblicken sie in der Länge und der Form unserer Finger und unserer Handflächen. Ohne die Wolke, ohne das Blatt, ohne unsere Ahnen könnten unsere Hände nicht existieren. Die gesamte Natur ist in unseren Händen vorhanden. Im Grunde genommen können wir nicht ein einziges Blatt, keine Blume, keine Frucht und kein Insekt in unserem Garten anschauen, ohne alles – die Sonne, die Wärme, den Himmel, die Wolken, den Regen, die Erde, die Mineralien, Zeit und Raum – darin zu erblicken. Indem wir so zu sehen lernen, verschmelzen wir ganz allmählich unser Bewusstsein mit der Natur. Und wir lernen, das Empfinden des Getrenntseins abzulegen.

### Halte ich ein Blatt in der Hand,

Mit dem Einatmen sehe ich, dass die Wolke und das Blatt in meiner Hand gegenwärtig sind. Zugleich ist meine Hand im Blatt und in der Wolke.

### lege ich mein Getrenntheits-empfinden ab.

Beim Ausatmen verdunstet die Feuchtigkeit des Atems. Und aus dem Dunst bildet sich letztlich eine Wolke. Weil wir das begreifen, wissen wir, dass wir ein Bestandteil der Wolke sind. Und da wir jene Eichel in den Boden gepflanzt haben, die zu einem Laubbaum heranwuchs, können wir sehen, dass wir im Blatt gleichfalls vorhanden sind. Mit dem Ausatmen sehe ich, dass ich im Blatt ebenso gegenwärtig bin wie in der Wolke.

### Die Wolke, das Blatt und ich stehen miteinander in Verbindung.

Mit dem Einatmen weiß ich, dass ich von der Natur nicht getrennt bin.

### Wir sind, weil alles andere ist.

Mit dem Ausatmen erkennen wir an, dass wir in unserer Verbindung zu allem Leben präsent sind.

## Den Blick weiten

### Begreife ich meine Verbundenheit mit allem Leben,
### werde ich zu einem echten Gärtner.
### Frei von Angst
### weite ich meinen Blick.

Wenn wir mit den Augen des Verstehens sehen, werden wir zu echten Gärtnern. Beim Blick auf eine Blume können wir den Kompost sehen. Und beim Anblick des Komposts können wir die Blume

wahrnehmen. In unseren Garten vertieft können wir erkennen, dass jedwedes Leben im Grunde alles übrige Leben mit beinhaltet, ohne Anfang und ohne Ende. Durchdrungen von der Weisheit der Lebenskontinuität, üben wir uns allen Menschen, Tieren, Pflanzen und Mineralien gegenüber in Ehrerbietung. Das macht uns zu weisen und guten Gärtnern. Rein gar nichts, das wissen wir, lebt eigenständig, unabhängig von allem anderen. Und weder wird jemals etwas geboren, noch stirbt es. Leben bedeutet Fortdauer.

Wir sind die Erde. Und wir sind die Gärtner. Wir sind der Lotos und der Schlamm, der Falke und die Krähe, der Schmetterling und die Stinkwanze. All das sind wir.

Wir sind alles. Im Wissen darum sehen und erleben wir das Dasein als einen unaufhörlichen Prozess großzügigen Gebens und Nehmens. Indem wir begreifen, wer und was wir sind – eins mit dem Leben –, ist unsere Gartenarbeit selbstlos. Weder erwartet sie, noch benötigt sie im Gegenzug irgendetwas. Wir lernen, so außerordentlich großzügig zu sein wie unser Garten. Wir lernen, unsere Liebe, unser Mitgefühl und unsere Weisheit bereitwillig zu geben. Mit den Händen der Achtsamkeit säen wir die Samen unserer Gedanken, Worte und Handlungen. In ihnen werden wir fortbestehen, sie werden unsere Mitgift an alles Leben sein. Wir sind zu echten Gärtnern geworden. So werden wir, das bewirken wir durch unsere Achtsamkeit im Garten, auch in Zukunft auf harmonische Weise fortdauern.

### Begreife ich meine Verbundenheit mit allem Leben,

Im Kompost erblicken wir die Blume und in der Blume den Kompost. So erkennen wir die wechselseitige Verbundenheit allen Lebens. Wir sind eingewoben in die Elemente der Natur, aus denen wir bestehen – Erde, Feuer, Wasser und Luft. Mit dem Einatmen begreifen wir, dass wir ein integraler Bestandteil des Ganzen sind.

### werde ich zu einem echten Gärtner.

Mit dem Ausatmen lassen wir unsere Gedanken, Worte und Handlungen von unserer Einsicht und unserem Verständnis leiten. Wir werden mitfühlender, freundlicher und geduldiger, nicht nur im Garten, sondern auch im übrigen Leben. Indem wir diese Eigenschaften in uns fördern und unterstützen, werden wir zu echten Gärtnern.

### Frei von Angst

Mit dem Einatmen verpflichten wir uns, achtsam zu leben, damit wir unsere wechselseitige Verbundenheit mit jeglichem Leben begreifen mögen.

### weite ich meinen Blick.

Mit dem Ausatmen geloben wir, unseren Blick zu weiten, indem wir unsere Präsenz, unser Herz und unsere Liebe großzügig allem Leben zuteilwerden lassen. Durch unsere Liebe dauern wir in allen Menschen, Tieren und Pflanzen weiter fort – überall.

# Quellenverzeichnis

Brenzel, Kathleen Norris, *Sunset Western Garden Book*, Menlo Park, CA, 2001.

Johnson, Wendy, *Gardening at the Dragon's Gate: At Work in the Wild and Cultivated World*, New York 2008.

Mabey, Richard, *Weeds: In Defense of Nature's Most Unloved Plants*, New York 2010.

Macy, Joanna, *Geliebte Erde, gereiftes Selbst: Ermutigung zum sozialen Wandel und für eine ökologische Erneuerung*, übers. v. Norbert Gahbler, Paderborn 2009.

Mitchell, Stephen, *Laotse – Tao Te King: Eine zeitgenössische Version für westliche Leser*, übers. v. Peter Kobbe, München 2003.

Nhat Hanh, Thich, *Vierzehn Tore der Achtsamkeit – zu einem spirituellen Engagement in der Welt*, übers. v. Irene Knauf, Berlin 1998.

– *Tief aus dem Herzen: Die Energie des Betens*, übers. v. Ursula Hanselmann, München 2007.

– *Umarme deine Wut: Sutra der Vier Verankerungen der Achtsamkeit*, übers. v. Petra Mecklenburg, Zürich, München 1992.

– *Chanting from the Heart: Buddhist Ceremonies and Daily Practices*, Berkeley, CA, 2007.

O'Brian, Ellen Grace, *Living the Eternal Way: Spiritual Meaning and Practice for Everyday Live*, San Jose, CA, 1998.

– *A Single Blade of Grass: Finding the Sacred in Everyday Life*, San Jose, CA, 2002.

Palmer, Parker J., *A Hidden Wholeness: The Journey toward an Undivided Life*, San Francisco, CA, 2004.

A Running Press Miniatures Edition, *Native American Wisdom*, Philadelphia, PA, 1994.

Streep, Peg, *Spiritual Gardening: Creating Sacred Space Outdoors*, Makawao, Maui, 1999.

# Die Autorin

*Zachiah Laurann Murray* ist eingetragene Landschaftsarchitektin und staatlich zugelassene Massagetherapeutin, ferner »Masters of Divinity«-Anwärterin im Meru Seminary des Center for Spiritual Enlightenment, wo sie für die Zentrumsmitglieder regelmäßig Meditationskurse gibt und darüber hinaus auch für eine breitere Öffentlichkeit bestimmte Programme durchführt. Sie ist Mitglied des Intersein-Ordens in der Linie von Thich Nhat Hanh und Trägerin eines braunen Gürtels zweiten Grades in Aikido, einem auf harmonische Konfliktlösung angelegten gewaltlosen Kampfsport. Als Assistentin und Lehrerin bringt sie Kindern im kalifornischen Santa Cruz Aikido bei. Außerdem trainiert sie dort selbst regelmäßig. Ihr privates Domizil ist ein, ebenfalls in Santa Cruz gelegenes, hübsches Häuschen. Übers Grundstück hinterm Haus spazieren wilde Pfaue, die häufig in den Ästen der Mammutbäume oberhalb des Dachs die Nacht verbringen.

© Natascha Bruckner

152 S., ISBN 978-3-485-01377-2

Schönheit aus der Natur: Mit minimalem Aufwand gelingt es, naturbelassene Kosmetik aus Zutaten wie Honig, Tomaten oder Quark selbst zuzubereiten. Mit 200 Rezepten, die für schönen Teint, glänzende Haare und strahlende Augen sorgen.

144 S., ISBN 978-3-485-02810-3

Effektives 10-Tage-Programm, das Detox-Maßnahmen mit Yoga und dem Wissen aus dem Ayurveda kombiniert. Schritt für Schritt werden die Grundlagen erklärt, Yogaübungssequenzen beschrieben und Rezepte, Massagen und reinigende Rituale vorgestellt.

128 S., ISBN 978-3-485-01343-7

Gesunde Füße, gesunder Körper: Thomas Rogall zeigt, wie wir unser Gehen durch gezielte Übungen verändern und bei jedem Schritt ein neues Körperbewusstsein erlangen. Sein Ansatz verbindet Spiraldynamik® mit Traditioneller Chinesischer Medizin.

160 S., ISBN 978-3-485-01333-8

Sanfte Hilfe aus der Natur: Aus natürlichen Zutaten, die in jedem Haushalt zu finden sind, lassen sich Aufguss, Wickel, Tee oder Salbe herstellen. Die häufigsten Alltagsbeschwerden werden von A bis Z erklärt und einfach anwendbare Rezepte empfohlen.

224 S., ISBN 978-3-485-01390-1

Selbsttherapie für gesundheitsbewusste Frauen: Die russische Volksmedizin hält bewährte Heilmittel gegen typische »Frauenbeschwerden« bereit. Babuschkas Naturapotheke wird durch Ernährungsempfehlungen und Tipps für die Schonheitspflege ergänzt.

256 S., ISBN 978-3-485-01087-0

Heilenden Pflanzen: Heide Fischer ist Ärztin sowie Spezialistin für Frauen-Naturheilkunde und gibt in diesem Buch hilfreiche Tipps gegen Menstruationsbeschwerden, schwaches Bindegewebe, Schwangerschaftsübelkeit und andere Frauenleiden.

152 S., ISBN 978-3-485-01307-9

**Erneuern Sie Körper und Seele!**
Dank Fasten hört, sieht, riecht,
schmeckt und fühlt man intensiver.
Die Autoren erklären, wie man das
Bewusstsein für alle Sinne schult
und eine klare Vision des eigenen
Lebens findet.

136 S., ISBN 978-3-485-01324-6

**Glücklich leben lernen kann man in
jedem Augenblick!** Wenn wir etwas
bewusster tun, können wir die Schönheit in allen Dingen entdecken. Mit
Übungen, überlieferten Geschichten
fernöstlicher und heimischer Küchen-
meister sowie Rezepten.

144 S., ISBN 978-3-485-02803-5

**Ruhe, Klarheit, Gelassenheit** mitten
in unserem stressigen Leben finden
und tiefe Weisheiten erkennen: Ein
wunderbares Buch für alle, die ernsthaft meditieren lernen möchten, und
für bereits Geübte, die die Medita-
tion im Alltag verankern möchten.

112 S., ISBN 978-3-485-01360-4

**Entgiften Sie mit Duft-Qi-Gong
den Körper** und tanken Sie so
frische Lebensenergie! Da ein Teil
des Programms im Sitzen ausgeführt werden kann, ist es auch
für Ältere geeignet.

112 S., ISBN 978-3-485-01410-6

**Lebensenergie für Frische, Vitalität
und Gesundheit:** Viele Beschwerden
können durch sanfte Übungen und
Meditationen des Inneren Qi Gong
gelindert werden. Es wirkt gegen All-
tagsstress, Unruhe und Anspannung.

144 S., ISBN 978-3-485-01428-1

**Die universelle Weisheit des
Qi Gong:** Leicht nachvollzieh-
bare Anleitungen von Groß-
meister Hong Li Yuan verwoben
mit der Philosophie des
Daoismus.

www.nymphenburger-verlag.de

Thich Nhat Hanh
Liebesbrief
an die
Erde

# Wir und die Erde sind eins

Nur auf einem gesunden Planeten können wir gesund leben.
Der bekannte buddhistische Lehrer Thich Nhat Hanh entwickelt einen Leitfaden
der Achtsamkeit, nach dem wir sinnhaft leben und zugleich die Natur wertschätzen und
schützen können. Die Vorstellung, dass Mensch und Umwelt getrennt sind, wird aufgegeben
und ein Gefühl der Liebe und Verbundenheit mit dem großen Ganzen gefördert.

176 Seiten · ISBN 978-3-485-02802-8

nymphenburger